# Liebenswerte Reptilien

Bereits zu Zeiten der Dinosaurier lebten Schildkröten auf der Erde. In ihrer Gestalt haben sie sich bis heute kaum zu den damals lebenden Schildkröten verändert, wie fossile Funde beweisen. Erstaunlich ist ihr Verhalten dem Menschen gegenüber. Als Heimtier kann sich eine Schildkröte so an Sie gewöhnen, daß sie auf Zuruf herbeikommt und sich sogar ihre »Streicheleinheiten« abholt. Die urtümlichen Reptilien sind zwar stille Hausgenossen, faszinieren aber durch ihre ausgeprägte Körpersprache, wodurch sie in der Lage sind, ihre momentane Stimmung auszudrücken.

Gähnen ist oft ein Zeichen für Anspannung.

Sie hat gerade ihr Lieblingsfutter gerochen.

Hartmut Wilke

# Die Schildkröte

Artgerecht halten
Gesund ernähren
Richtig verstehen

Fotos: Uwe Anders
Zeichnungen: Renate Holzner

# INHALT

## 1 Sich vor der Anschaffung informieren

**Wissenswertes über Schildkröten** 8
Die Heimat der Schildkröten 8
Wie der Mensch zur Schildkröte kam 12
Schildkröten unterscheiden lernen 14

**Überlegungen vor der Anschaffung** 16
Entscheidungshilfen 16
Einzel- oder Paarhaltung? 16
Kinder und Schildkröten 18

**Rechtsfragen zur Schildkrötenhaltung** 24
Artenschutz 24
Kaufvertragsrecht 24
Mietrecht 25
Fundtiere 25

**Tips zum Kauf** 26
Woher man Schildkröten bekommt 26
Zeitpunkt des Kaufs 28
Gesundheitscheck 29

**Beliebte Schildkrötenarten** 30
Landschildkröten 30
Wasser- und Sumpfschildkröten 37

## 2 Richtig halten und pflegen

**Was die Schildkröte alles braucht** 50
Ausstattung 50
Freianlagen 58
Miniteich für den Balkon 63

**Gute Pflege hält die Schildkröte gesund** 64
Schildkröten-Kosmetik 64
Winterruhe 65
Sommerruhe 65
Pflege des Zubehörs 68

**Abwechslungsreiche Ernährung ist wichtig** 70
Pflanzenkost 70
Fleischkost 71
Fütterungsregeln 77

**Gesundheitsvorsorge und Krankheiten** 78
Vorbeugemaßnahmen 78
Krankheitsanzeichen 81

**Schildkröten züchten** 86
Tips für die Zucht 86
Aufzucht der Jungtiere 91

## 3 Verstehen lernen und beobachten

**Was Schildkröten alles können** 94
Die Körpersprache 94
Die Sinnesleistungen 98
Der Schildkrötenpanzer 99
Schnabel und Krallen 103

**Richtiges Eingewöhnen** 104
Vorab ein Bad! 104
Kotproben nehmen 105
Das Zusammengewöhnen mit Artgenossen 107

**Beobachten und Beschäftigen**
Das Versteckspiel 108
Schildkröten handzahm machen 110
Kleine Dressurübungen 111

**Haltungsprobleme richtig lösen** 112
An der Terrarienscheibe entlanglaufen 112
Tagelang im Versteck bleiben 112
Die Schildkröten beißen einander 114
Die Schildkröte häutet sich 116

## A Allgemein Wichtiges

**Meine Schildkröte** 118
Persönlicher Schildkröten-Steckbrief 119

**Arten- und Sachregister** 120
Adressen 125
Literatur 125
Impressum 126
Wichtige Hinweise 127

**Kinder-Extra**
Schildkröten-Geschichten 12
»Schmusetiere« 20
Winterschlaf 69
Schildkröten verpaaren 91
Schwimmen 101
Auf den Namen hören 111
Was Schildkröten mögen 117

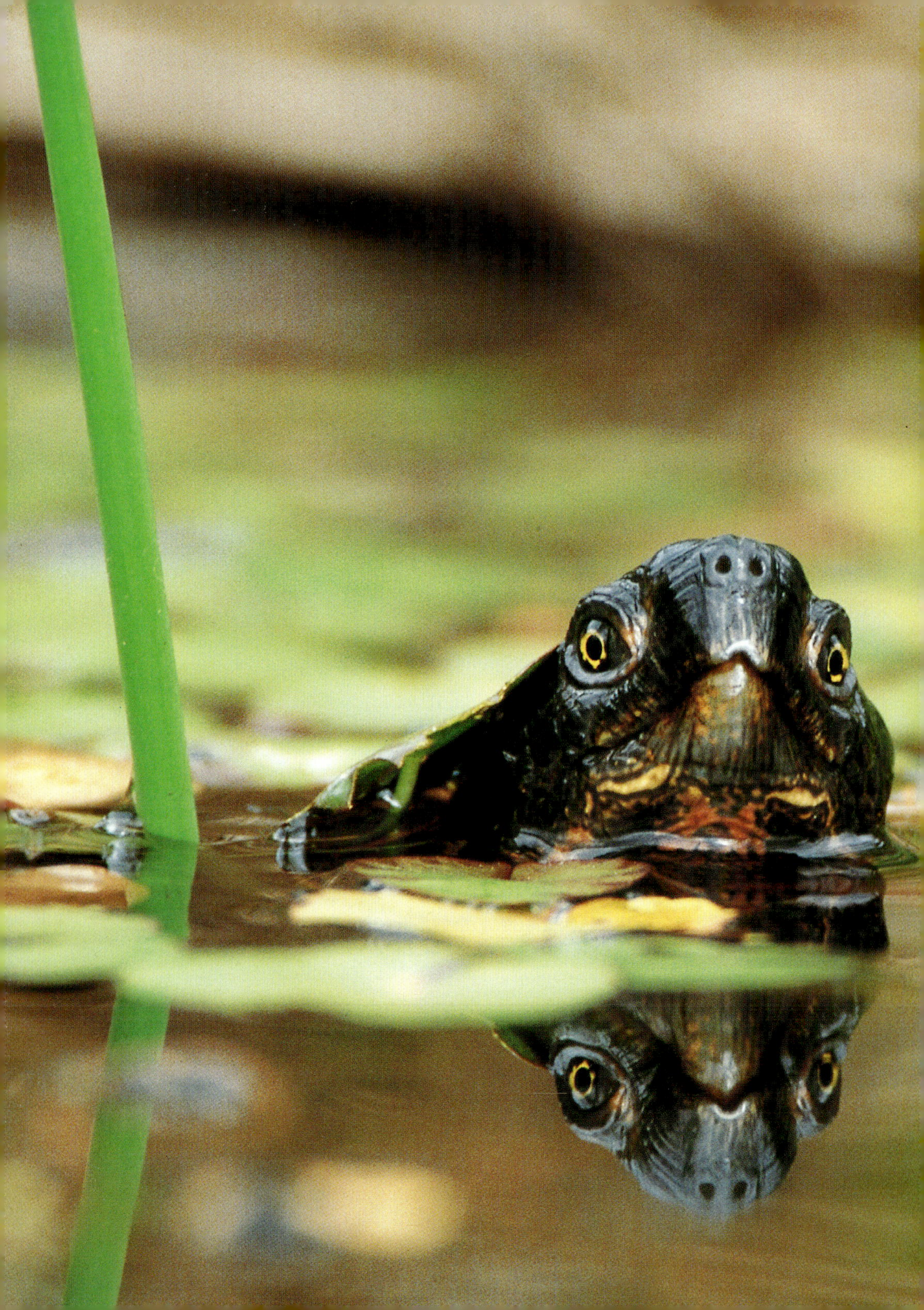

# Sich vor der Anschaffung informieren

Bereits vor über 100 Millionen Jahren lebten Schildkröten auf der Erde. Bis heute faszinieren die urtümlich gebliebenen »Zeugen der Vergangenheit« die Menschen.

SICH VOR DER ANSCHAFFUNG INFORMIEREN

# Wissenswertes über Schildkröten

Die Schildkröte kann bei artgerechter Haltung und guter Pflege mehr als 60 Jahre alt werden und einen Menschen von dessen Kindheit bis ins hohe Alter begleiten. Damit Sie jedoch lange Freude an Ihrer Schildkröte haben, sollten Sie gut über ihre Lebensansprüche und Gewohnheiten Bescheid wissen.

## Die Heimat der Schildkröten

Schildkröten brauchen Wärme und sind deshalb hauptsächlich in den tropischen und subtropischen Gebieten der Erde anzutreffen. Allerdings gibt es auch ein paar »Ausreißer«, die sich an das wechselvolle Klima im Norden Amerikas, in Europa und in Australien anpassen konnten. Die Anpassung wurde jedoch nur möglich, weil diese Schildkrötenarten, wie z. B. die Tropfenschildkröte (→ Seite 40) eine Winterruhe halten.
Nord- und Südamerika zählen zu den schildkrötenreichsten Gebieten der Erde. Viele Sumpf- und Schlammschild-

**Die Moschusschildkröte braucht auch unter Wasser Kletterhilfen.**

# DIE HEIMAT DER SCHILDKRÖTEN

**Die Haltung von Schildkröten im Gartenteich ist in unserem Klima nur von Juni bis August zu empfehlen.**

krötenarten, wie auch beispielsweise die bekannte Rotwangenschmuckschildkröte, leben hier (→ Seite 39).

Schildkröten besiedeln zahlreiche Lebensräume. Die Meeresschildkröten verbringen ihr Leben in den Ozeanen und betreten das Land nur zur Eiablage.

In den großen Flußsystemen und Seen leben Wasserschildkröten, die ebenfalls nur noch zur Eiablage an Land kommen. Schildkröten sind bis in schnellfließende, tropische Gebirgsbäche vorgedrungen und sie eroberten Steppen und Wüsten.

Hitze und Dürreperioden werden z. B. von der Russischen Landschildkröte (→ Seite 33) überdauert, indem sie Tunnel in die Erde gräbt und darin einen »Sommerschlaf« hält.

Einige Schildkrötenarten sind schnelle Jäger wie die Meeresschildkröten, andere wiederum geduldige Beuteangler wie die Schnappschildkröte oder Lau-

# SICH VOR DER ANSCHAFFUNG INFORMIEREN

erjäger wie die Fransenschildkröte.
Es gibt auch Schildkröten, die als Jungtiere ausschließlich im Wasser leben und sich erst als erwachsene Tiere längere Zeit an Land aufhalten wie z.B. Cyclemys mouhoti (→ Seite 46).

**Zoologisches**
Schildkröten bevölkerten bereits vor rund 100 Millionen Jahren zusammen mit Sauriern und Krokodilen die Erde. Die damals lebenden Schildkröten sahen den heutigen Meeresschildkröten sehr ähnlich.

**Mit einer Löwenzahnblüte können Sie Ihre Schildkröte ohne Zwang dazu verleiten, sich ins Maul schauen zu lassen.**

# SCHILDKRÖTEN UNTERSCHEIDEN LERNEN

In Deutschland fand man am Rande des Harzes versteinerte Schildkröten von über einem halben Meter Länge. Es sind die bisher ältesten Schildkrötenfunde aus dem Erdmittelalter.

Diese Schildkröten hatten einen langen Hals, der sich zwar nicht in den Panzer einziehen ließ, jedoch durch stachelige Erhebungen geschützt war.

Im Maul der versteinerten Schildkröten entdeckte man kleine, höckerige Zähne, die mit dem Gaumen verwachsen waren. Auch auf den Kiefern waren noch deutlich erkennbare Reste von Zähnen zu finden. Diese Besonderheit des Körperbaus hat sich bis heute »verwachsen«.

Die Kieferränder der heutigen Schildkröten sind mit scharfen Hornscheiden versehen.

Auch der Panzer der Schildkröten hat im Laufe der erdgeschichtlichen Entwicklung unterschiedlichste Anpassungen erfahren. Ein extremes Beispiel dafür ist die Weichschildkröte, deren Körperoberfläche nur noch von einer zähen, elastischen Haut geschützt wird. Vom ehemaligen Panzer ist lediglich ein kleiner Rest am Bauchpanzer zu erkennen.

Andere Schildkrötenarten wie z. B. die Großkopfschildkröte besitzen einen stark gepanzerten Kopf, der nicht mehr durch Einziehen in das Panzerinnere geschützt werden muß bzw. kann.

Die sehr flach gebaute, afrikanische Spaltschildkröte hat ihren Panzer soweit zurückgebildet, daß er wie ein Fingernagel elastisch nachgibt. Sie verbirgt sich zu ihrem Schutz vor Feinden in schmalen Felsspalten.

Die Dosenschildkröten besitzen im Panzer Gelenke und Scharniere. Sie können nach dem Einziehen von Kopf und Gliedmaßen das »Gehäuse« völlig verschließen.

Meeresschildkröten haben einen flachen Panzer, einen stromlinienförmigen Körperbau und zu »Paddeln« umgeformte Arme und Beine. Sie erreichen beim Schwimmen Geschwindigkeiten von über 70 Stundenkilometer.

Die größte und schwerfälligste unter allen Schildkrötenarten, die Lederschildkröte, besitzt nur noch die Reste eines Panzers in Form von sieben knöchernen Längskielen, die das »Lederwams« stützen. Die Lederschildkröte kann bis zu vier Zentner schwer werden.

## SICH VOR DER ANSCHAFFUNG INFORMIEREN

### Wie der Mensch zur Schildkröte kam

Die ersten Kontakte zwischen Mensch und Schildkröte, gingen für das Tier vermutlich nicht besonders gut aus. Ausstellungsstücke in Völkerkunde- und Kunsthandwerksmuseen legen Zeugnis davon ab.
In Südafrika wurden Schildkrötenpanzer als Schmuck- und Transportbehälter mit Harz und Wachs abgedichtet. Mit Schnüren, Perlen und Ringen verziert, dienten solche Gefäße zu Aufbewahrung und zum Transport von Farbstoffen, Drogen oder Hautpflegemitteln.
Große Schildkrötenpanzer, wie die der Meeresschildkröten, wurden als Schale zur Darreichung und zum Transport von Obst und Meerestieren verwendet.
Es ist schwer zu sagen, was der eigentliche Anlaß für die Verarbeitung von Schildkröten war. Vermutlich trieb der Hunger die Menschen dazu, sie wegen ihres schmackhaften Fleisches zu jagen.
Es ist bekannt, wie einfach das Einsammeln der Riesenschildkröten für die frühen Seefahrer war, die frisches Fleisch für ihre Monate dauernden Seereisen zu schätzen wußten. Sie

### Wurde die Schildkröte früher von den Menschen verehrt?

Ja, vor allem in den Ländern, wo Schildkröten lebten. Die Menschen dort betrachteten diese Tiere als etws ganz Besonderes. Vor mehr als 2000 Jahren glaubte man zum Beispiel, die Entstehung der Erde sei einer riesengroßen Schildkröte zu verdanken. Die Menschen stellten sich vor, daß diese Schildkröte auf dem Meeresboden stand und ihr Panzer über das Wasser hinausragte. Auf dem Schildkrötenpanzer konnte dann die Welt entstehen. Das meinten auch die Indianer Nordamerikas. Für sie galt die Schildkröte als freundliches und kluges Tier. Selbst, wenn Entscheidungen zu treffen waren, befragte man vorher die Schildkröte. Je nachdem, wie sie sich verhielt, handelten die Indianer anschließend.
Auch in Asien hatten die Menschen große Ehrfurcht vor der Schildkröte. Vor allem die verschiedenen Muster auf dem Panzer der Tiere faszinierten sie. Wahrsager deuteten daraus beispielsweise, wie lange ein Mensch zu leben hatte oder wieviel Glück er in seinem Leben haben würde.
Selbst in Europa, in Griechenland, benutzte man den Schildkrötenpanzer, um die Zukunft vorherzusagen.

## WIE DER MENSCH ZUR SCHILDKRÖTE KAM

**Regenwürmer gehören neben Nacktschnecken zur Lieblingsspeise der Carolina-Dosenschildkröte.**

liefen die Seychellen oder die Galapagos-Inseln an, sammelten die Tiere ein und lagerten sie in den Fronträumen der alten Segler auf dem Rücken liegend, bis sie geschlachtet wurden.

In Südamerika und Südostasien werden die dort lebenden Sumpfschildkröten noch heute für den menschlichen Verzehr gefangen und ihre Eier eingesammelt.

In Deutschland galt die Europäische Schildkröte als bevorzugte Fastenspeise. Und die Zeiten, da weltweit die »echte« Schildkrötensuppe (von der Meeresschildkröte) als Delikatesse verspeist wurde, liegen kaum zehn Jahre zurück.
Einige Meeresschildkröten-Arten hatten darunter zu leiden, daß sie das begehrte »Schildpatt« als großflächige Schuppe auf dem Rückenpanzer tragen. Noch bis vor einigen Jahren gewann man das Schildpatt dadurch, daß man die lebende Schildkröte

13

## SICH VOR DER ANSCHAFFUNG INFORMIEREN

mit dem Rücken in kochendes Wasser tauchte, so daß sich das Schildpatt leicht ablösen ließ. Das so skalpierte, verbrühte, noch lebende Tier warf man zurück ins Meer.
Es gab jedoch immer schon Menschen, die sich der Schildkröte aus reinem Interesse am Lebewesen zuwandten.
Der Autor F. J. Obst berichtet beispielsweise von einer Dosenschildkröte, die man 1953 in Amerika einfing. Auf ihrem Bauchpanzer trug sie die Jahreszahl 1844 eingraviert.
Inzwischen gibt es weltweit ernsthafte Liebhaber von Schildkröten, die sich darum bemühen, daß sich die Schildkröten auch in der Obhut des Menschen fortpflanzen.
Im deutschsprachigen Raum haben sich Liebhaber und Wissenschaftler inzwischen zu einer international renommierten Organisation, der Deutschen Gesellschaft für Herpetologie und Terrarienkunde e. V. zusammengeschlossen (DGHT, → Seite 125).
Auch Museen und zoologische Gärten haben ihren Teil zu einer positiven Entwicklung hinsichtlich der Vermehrung von Schildkröten beigetragen. Heute können z. B. aufgrund dieser Erfahrungen die beliebten Rotwangenschmuckschildkröten in Farmen gezüchtet werden.

### Schildkröten unterscheiden lernen

Es kommt gar nicht so selten vor, daß besonders während der Ferienzeit eine herrenlose Schildkröte in Ihrem Garten auftaucht. Kann der Besitzer nicht festgestellt werden und möchten Sie die Schildkröte behalten, sollten Sie unbedingt herausfinden, ob Sie eine Land-, Sumpf- oder Wasserschildkröte vor sich haben. Diese Unterscheidung ist wichtig für die artgerechte Unterbringung und Fütterung des Tieres.
Mit Hilfe der Tabelle auf Seite 15 können Sie die Schildkröte in der Regel problemlos zuordnen. Allerdings gibt es auch Ausnahmen: Die beschriebenen Panzerformen beziehen sich auf Tiere, die mindestens zwei Jahre alt sind und eine Panzerlänge von sieben bis acht Zentimeter haben. Jüngere bzw. kleinere Landschildkröten besitzen z.B. nicht immer einen ausgeprägt kugelförmigen Panzer.

### TIP

Um letzte Zweifel auszuräumen, ob Sie eine Land-, Sumpf- oder Wasserschildkröte gefunden haben, bieten Sie dem Tier in einem abgegrenzten Gehege sowohl eine Landfläche als auch eine Wasserfläche an. Achten Sie darauf, daß die Wasserfläche nicht zu steil abfällt, damit Landschildkröten nicht ertrinken.

**Junge Pantherschildkröten sind niedlich, werden aber fast 70 cm lang!**

# LAND-, SUMPF- UND WASSERSCHILDKRÖTEN UNTERSCHEIDEN

## Unterscheidung von Land-, Sumpf- und Wasserschildkröten

| Unterscheidungs-merkmale | Landschildkröte | Sumpfschildkröte | Wasserschildkröte |
|---|---|---|---|
| **Panzerform** (Alttiere) | Von vorn und von der Seite betrachtet, rundlich gewölbt: »Marienkäferprofil«. | Alle Zwischenformen zwischen Land- und Wasserschildkröte möglich. | Von vorn und von der Seite betrachtet in der Regel sehr flach und strömungsgünstig: »Diskusscheibenprofil«. |
| **Füße** | Vor allem die Hinterfüße säulenförmig rund wie ein aufgestützter Finger. Dicke, hornige Schuppen besonders an den Vorderbeinen. | Füße zum Ende hin flach, paddelförmig, mit weicher, verschiebbarer Haut und nur kleinen, über die Haut verstreuten, dünnen Schuppen. Bei manchen Arten Männchen mit langen Krallen an den Vorderfüßen. | Füße paddelförmig mit zäher, verschiebbarer Haut, aber fast oder ganz ohne Schuppen. |
| **Verhaltenstest** (Land- und Wasserteil anbieten) | Bleibt an Land, trinkt kurz oder badet nur für höchstens eine Stunde. Taucht dabei nie mit Körper und Kopf dauerhaft unter Wasser. | Sucht rasch das Wasser auf und bleibt über Stunden darin, schwimmt, taucht eventuell unter; kommt aber wieder an Land. | Sucht rasch das Wasser auf, bleibt darin untergetaucht, schwimmend oder am Grund laufend. |

## SICH VOR DER ANSCHAFFUNG INFORMIEREN

# Überlegungen vor der Anschaffung

Damit Ihre Schildkröte gesund bleibt und sich bei Ihnen wohlfühlt, müssen Sie bereit sein, auf die Bedürfnisse des Tieres einzugehen. Im folgenden habe ich Ihnen einige Punkte zusammengestellt, die Sie unbedingt vor der Anschaffung einer Schildkröte abklären sollten.

### Entscheidungshilfen

**1** Bedenken Sie, daß eine Schildkröte 60 Jahre und älter werden kann.

**2** Vielen Land- und Sumpfschildkröten tut Sonne und Luft gut. Haben Sie die Möglichkeit Ihrem Tier eine »Sommerfrische« im Garten bzw. im Gartenteich oder auf dem Balkon einzurichten (→ Beliebte Schildkrötenarten, Seite 30)?

**3** Die notwendige Ausstattung, vor allem Terrarien für Sumpf- und Wasserschildkröten, ist teuer.

**4** Viele Schildkrötenarten brauchen eine Winter-, manche auch eine Sommerruhe, um gesund zu bleiben (→ Seite 30). Das erfordert intensive Vorbereitungen.

**5** Bedenken Sie, daß große Aquarien für Wasserschildkröten schwer sind. Ein mittleres Becken mit 200 l Wasser, Gestell und Zubehör wiegt fast 5 Zentner.

**6** Schildkröten sind keine Schmusetiere. Viele Arten sind dämmerungs- und nachtaktiv. Sie verbringen den Tag in ihrem Versteck.

**7** Es ist nicht einfach, die Schildkröte abwechslungsreich zu ernähren. Auch Fertigfutter muß durch frische Nahrung ergänzt werden.

**8** Wenn Sie verreisen möchten, sollten Sie Ihre Schildkröte besser zu Hause lassen. Haben Sie während Ihrer Abwesenheit einen zuverlässigen Pfleger für das Tier?

**9** Schildkröten sind keine Allergieträger und deshalb als Heimtiere auch für Menschen geeignet, die eine Tierhaarallergie haben.

**10** Schildkröten bekommen keine Krankheiten bzw. Parasiten, die auf den Menschen übertragbar sind. Auch Salmonellen, von denen so gut wie keine Schildkröte frei ist, wirken sich nicht schädigend auf den Menschen aus.

### Einzel- oder Paarhaltung?

Schildkröten sind von Natur aus Einzelgänger und brauchen nicht unbedingt einen Partner oder eine Partnerin.

**ENTSCHEIDUNGSHILFEN**

Mutter mit ihren Kindern. Inzwischen ist es auch gelungen, die **Strahlenschildkröte** nachzuzüchten.

# SICH VOR DER ANSCHAFFUNG INFORMIEREN

Sie können zwar Schildkröten in freier Wildbahn dichtgedrängt an Ufern oder auf Baumstämmen beim Sonnenbaden beobachten. Doch die Schildkröten sammeln sich an solchen Plätzen nicht aus dem sozialen Bedürfnis nach Geselligkeit heraus, sondern ganz einfach aus Platzmangel. Sobald sie genügend Sonne getankt haben, laufen sie wieder auseinander.

Zur Fortpflanzungszeit sind sie vorübergehend geselliger, doch handelt es sich dabei um »Zufallsbekanntschaften«, die nicht von langer Dauer sind. Vorraussetzung für die Paarhaltung ist eine sichere Unterscheidung anhand der Geschlechtsmerkmale. Außerdem ein entsprechend großes Terrarium und die Möglichkeit, Paare in Phasen der Unverträglichkeit getrennt zu pflegen, Eier auszubrüten und die Jungtiere in einem gesonderten Terrarium großzuziehen.

## Geschlechtsunterscheidung

Wenn sie für ihre Schildkröte eine passende Partnerin oder einen geeigneten Partner suchen, dann wählen sie am besten unter halbwüchsigen bis ausgewachsenen Tieren.

Je jünger die Schildkröte, umso schwieriger ist nämlich für den Laien die Unterscheidung der Geschlechter.
Bei vielen Schildkröten-Arten haben die Männchen einen stärker nach innen gewölbten Bauchpanzer als die Weibchen.

**Schildkrötenmännchen (oben) haben einen deutlich längeren Schwanz als die Weibchen (unten).**

## PLATZ FÜR DIE WINTERRUHE

Männliche Tiere besitzen in der Regel auch einen etwas längeren und an der Basis schmaleren Schwanz mit mehr zum Schwanzende hin verlagerter Kloake.

Lassen Sie sich im Zweifelsfall hierbei von einem erfahrenen Züchter beraten.

Zier- und Schmuckschildkrötenmännchen sind halbwüchsig bereits recht eindeutig an den Vorderkrallen zu erkennen. Sie sind deutlich länger als bei den Weibchen. Auch von der Größe her gesehen, bleiben die Männchen jetzt bereits deutlich hinter den Weibchen zurück.

Bei manchen Schildkröten-Arten kann man das Geschlecht auch anhand der Augenfarbe bestimmen (→ Seite 35 und 40).

### Platz für die Winterruhe

Schildkröten, die aus gemäßigten Klimazonen stammen, überstehen den Winter nur dadurch, daß sie die kalte, nahrungsarme und für sie lebensfeindliche Zeit durch eine Winterruhe überdauern.

In der Natur vergraben sich Landschildkröten unter Baumwurzeln, in Erdbauten größerer Säugetiere oder an anderen, frostgeschützten, nicht zu nassen, aber auch nicht zu trockenen Plätzen.

Sumpfschildkröten überwintern am Grunde ihrer Gewässer, wo sie sich ebenfalls im Moor oder unter Wurzeln verstecken (→ Winterruhe, Seite 65).

Der beste Platz für die Überwinterung von Landschildkröten als Heimtiere ist ein alter Gewölbekeller mit gestampftem Naturboden. Er hat ein Klima, wie es auch in der Natur vorherrscht: relativ gleichbleibende, tiefe Temperaturen zwischen 0 und 12 °C bei relativ hoher Luftfeuchtigkeit.

Normale unbeheizte Keller, bei denen problemlos ein Fenster während des Winters offen bleiben kann, sind ebenfalls sehr gut geeignet.

Sollten sie selbst nicht über derartige Räumlichkeiten verfügen, schauen Sie sich in Ihrem Verwandten- und Bekanntenkreis oder auf dem Land um. Vielleicht stellt Ihnen jemand Raum für die

**Eine ausgewachsene Landschildkröte und daneben ein Jungtier.**

## SICH VOR DER ANSCHAFFUNG INFORMIEREN

Überwinterungskiste Ihrer Schildkröte zur Verfügung. Auch Kontakte über die DGHT (Adresse, → Seite 125) können Ihnen weiterhelfen. Ungeeignete Überwinterungsquartiere für Schildkröten sind Dachböden, Geräteschuppen im Garten, Gewächshäuser oder der Balkon. Hier sind die Temperaturschwankungen im zeitigen Frühjahr und im Spätherbst zu groß. Ebenso kann die Schildkröte an solchen Plätzen in extrem kalten Wintern erfrieren.

**Hinweis:** Im Notfall ist es möglich, eine kleine Schildkröte im Gemüsefach des Kühlschranks zu überwintern.

### Schildkröten und andere Tiere

Schildkröten und andere Heimtiere sollten Sie nie ohne Aufsicht zusammen lassen. Für Hund und Katze gehört die Schildkröte ins natürliche Beuteschema. Zwar kann es ein Hund lernen, die Schildkröte als »Rudelmitglied« zu respektieren. Doch unbeaufsichtigt kann es zu »Unfällen« kommen, wobei die Schildkröte mit Sicherheit den Kürzeren zieht. Selbst, wenn ein Hund die besten Absichten hat, beispielsweise indem er die Schildkröte zum Spiel auffordert, kann besonders eine junge Schildkröte von einem größeren Hund mit den Krallen verletzt werden.

Auch das, was eine Katze als »spielerisch« betrachtet, kann eine Schildkröte manchmal in Gefahr bringen.

Nager wie Mäuse, Ratten oder Meerschweinchen werden auch vor einer Schildkröte nicht Halt machen, um ihre Zähne auszuprobieren.

### Sind Schildkröten »Schmusetiere«?

Nein, denn Schildkröten lieben es nicht, wenn man sie stundenlang auf dem Arm herumträgt. Doch wenn du gerne ein Tier beobachtest, ist eine Schildkröte genau das Richtige für dich. Du wirst zum Beispiel feststellen, daß das Tier sehr gut riechen kann. Alles, was neu für die Schildkröte ist, beschnüffelt sie ausgiebig. Die Schildkröte kann recht zahm werden. Laß sie oft Futter von deiner Hand fressen. Probiere auch aus, ob sich deine Schildkröte gerne am Kopf kraulen läßt. Das mögen nämlich viele Schildkröten. Deine Schildkröte kann sogar lernen, herbeizukommen, wenn du sie rufst.

## SCHILDKRÖTEN UND ANDERE TIERE

**Das Überklettern von Hindernissen ist für gesunde Schildkröten – wie diese Griechische Landschildkröte – eine leichte Übung.**

Das kann vor allem für kleine Schildkröten tödliche Folgen haben.

<u>Schlangenliebhaber</u> sollten beachten, daß Schildkröten Keime ausscheiden, die dem Menschen zwar nicht schaden, für Schlangen jedoch tödlich sind. Erfahrene Reptilienhalter verzichten daher auf eine gleichzeitige Haltung von Schlangen und Schildkröten in einem Haushalt.

**Hinweis:** In einer Freianlage im Garten oder auf dem Balkon passiert es öfters, daß eine junge Schildkröte von Krähen oder Elstern entführt wird (→ Seite 62 und 63).

### Kinder und Schildkröten

Meist mit Schulreife ist ein Kind in der Lage, Verständnis für die Bedürfnisse und Ansprüche einer Schildkröte aufzubringen. Eltern müssen jedoch ihr Kind entsprechend anleiten. Es ist vor allem wichtig, dem Kind zu vermitteln, daß die Schildkröte ein Wild-

## SICH VOR DER ANSCHAFFUNG INFORMIEREN

tier ist, das zumindest anfangs noch Scheu vor dem Menschen hat.

Ein ständiges Anfassen, Herausnehmen aus dem Terrarium/Aquarium und Herumtragen würde das Tier erschrecken und es ängstigen.

Erklären Sie Ihrem Kind, daß man der Schildkröte nur mit viel Geduld und Zuwendung die Angst vor dem Menschen nehmen kann. Schließlich ist es sogar möglich, die Schildkröte soweit vertraut zu machen, daß sie freiwillig herbeikommt, wenn man ihr einen Leckerbissen, z. B. eine Löwenzahnblüte, mit der Hand hinhält. Selbst Wasserschildkröten klettern bereitwillig auf die dargebotene Hand, wenn die Person ihnen vertraut erscheint.

### Pflege im Urlaub

Schildkröten fühlen sich in ihrer gewohnten Umgebung am wohlsten. Sie tun Ihrem Tier also keinen Gefallen damit, wenn Sie es mit auf Reisen nehmen.

Schauen Sie sich rechtzeitig nach einem zuverlässigen Pfleger für die Zeit Ihrer Abwesenheit um. Am besten ist für Ihre Schildkröte gesorgt, wenn Sie jemanden finden, der sich bereits mit Schildkröten auskennt.

Die Checkliste auf Seite 23 soll Ihnen Anhaltspunkte dafür liefern, was alles mit dem Pfleger besprochen werden muß. Für Notfälle sollten Sie unbedingt Ihre Urlaubsadresse und die Adresse des Tierarztes hinterlassen. Ebenso ist es von Vorteil, die Telefonnummer eines fachkundigen Beraters anzugeben.

> **TIP**
>
> Wie alt eine Schildkröte ist, läßt sich nur bei jungen Schildkröten relativ sicher bestimmen. Kennt man die Endgröße des Tieres und hat es etwa ein Drittel dieser Größe erreicht, ist es ca. 3 Jahre alt. Nach weiteren 3 Jahren entspricht seine Größe zwei Drittel seiner Endgröße. Das Alter ist jedoch nicht an den Wachstumsringen der Rückenpanzerplatten abzulesen.

Mit leckerem Löwenzahn werden die meisten Schildkröten schnell handzahm.

# PFLEGE IM URLAUB

## Checkliste für die Urlaubsvertretung

| **Technik** | • Erläutern, woran Defekte zu erkennen sind. Handgriffe für einfache Überprüfung der Funktionsfähigkeit zeigen.<br>• Filterpumpe, Zeitschaltuhr, gegebenenfalls Luftpumpe: Wie sind Defekte zu beheben? Einfache Handgriffe zur Reparatur zeigen. Gegebenenfalls Adresse eines fachkundigen Helfers bereitlegen.<br>• Routinemäßige Wartungsarbeiten erläutern (Filterreinigung).<br>• Ersatzlampen bereitstellen. Im Sicherungskasten die Sicherung benennen, die die elektrischen Anlagen absichert.<br>• Gegebenenfalls Ersatzpumpe bereitstellen oder mit dem Händler das Pumpenmodell für einen notwendigen Ersatzkauf festlegen. |
|---|---|
| **Futter** | • Menge und Zusammensetzung festlegen.<br>• Häufigkeit und Zeitpunkt der Fütterung festlegen. (Lassen Sie Ihre Vertretung einige Male unter Ihrer Regie »üben«). |
| **Schildkröte** | • Normalverhalten erläutern.<br>• Auf mögliche Besonderheiten im Verhalten hinweisen (→ Seite 30 bis 47).<br>• Naht die Winterruhe, steht eine Eiablage an (→ Seite 65 und 88)?<br>• Ist die Winterruhe gerade überstanden?<br>• Welche Krankheiten können auftreten (→ Seite 81 bis 85).<br>• Hinterlassen Sie die Telefonnummer und Adresse eines Sachverständigen, der um Rat gefragt werden kann.<br>• Hinterlassen Sie Ihre Urlaubsadresse und die Adresse eines sachverständigen Tierarztes. |

**Wichtig:** Weisen Sie Ihre Urlaubs-Vertretung über einen Zeitraum von einem Jahr in die wechselnden Eigenheiten der Schildkröte ein.

# Rechtsfragen zur Schildkrötenhaltung

## Artenschutz

Das Washingtoner Artenschutzübereinkommen regelt den Schutz unserer weltweit bedrohten Tier- und Pflanzenarten. Entsprechend dem Grad ihrer Schutzbedürftigkeit wurden auch verschiedene Schildkröten in die Schutzkategorien I oder II aufgenommen. Tiere, die vom Aussterben bedroht sind, wurden in den Anhang I aufgenommen. Der An- oder Verkauf dieser Tiere ist ohne eine gesonderte Ausnahmegenehmigung verboten. Andere Schildkröten sind im Anhang II des Washingtoner Artenschutzübereinkommens aufgelistet. Die Erhaltungssituation läßt für nicht geschützte oder Anhang II-Arten eine geordnete, kontrollierte Entnahme aus der Natur zu.
Die beliebten Landschildkröten, wie die Griechische und Maurische Landschildkröte oder die Breitrandschildkröte, werden zwar nach dem Washingtoner Artenschutzübereinkommen nicht als vom Aussterben bedroht eingestuft, doch gelten in der Europäischen Union wieder andere Gesetze. Hier genießen diese Schildkröten die höchste Schutzkategorie. Allerdings dürfen nachgezüchtete Tiere verkauft werden. Die im Zoofachhandel angebotenen Schildkröten erfüllen die gesetzlichen Artenschutzvorausetzungen und können daher legal mit den entsprechenden Dokumenten erworben werden.
Zu beachten ist, daß sich die gesetzlichen Bestimmungen und der Schutzcharakter der einzelnen Schildkrötenarten ständig ändern und den Gegebenheiten in der Natur – den Biotopveränderungen – angepaßt werden.
Vor dem Erwerb einer Schildkröte sollten Sie sich daher sicherheitshalber bei der Naturschutzbehörde (Landratsamt oder Regierungspräsidium) erkundigen, ob der Erwerb des Tieres erlaubt ist.

## Kaufvertragsrecht

In jedem gut geführten Zoofachgeschäft ist es heute selbstverständlich, daß dem Käufer eine detaillierte Kaufbescheinigung ausgestellt wird. Aus diesem Vertrag sollte hervorgehen: Datum des Kaufs, Kaufpreis, Anschriften des Verkäufers und Käufers. Auch das Geschlecht der Schildkröte sollte vermerkt sein, wenn es dem Käufer hierauf entscheidend ankommt.
Jeder, der eine Schildkröte käuflich erwirbt, schließt mit dem Verkäufer einen Kaufvertrag ab. Dieser Vertrag muß nicht schriftlich abgefaßt werden, auch ein mündlicher Kaufvertrag ist rechtsgültig. Stellt sich nach Übergabe der Schildkröte an den Käufer heraus, daß das Tier mit einer Krankheit behaftet war, kann der Käufer seine gesetzlichen Gewährleistungsrechte geltend machen und beispielsweise vom Kaufvertrag zurücktreten oder den Kaufpreis mildern. Voraussetzung hierfür ist allerdings, daß das Tier bereits bei Übergabe krank war. Gerade bei Infektionskrankheiten läßt sich der Krankheitsbeginn nur schwer feststellen, so daß meistens nur sachverständige Tierärzte diese Frage klären können. Macht der Käufer rechtens solche Gewährleistungsrechte geltend, so muß er dies innerhalb von sechs Monaten gerechnet von der Übergabe an tun, da seine Gewährleistungsrechte sonst verjähren.
Kinder oder Jugendliche (bis zum vollendeten 16. Lebens-

# RECHTSFRAGEN

jahr) sollten sich den Kauf einer Schildkröte besonders gut überlegen. Denn ohne Einwilligung ihrer Erziehungsberechtigten, dies sind meistens die Eltern, dürfen Kinder noch keine Schildkröte kaufen. Genehmigen die Eltern den Kauf einer Schildkröte nicht, muß der Verkäufer das Tier wieder zurücknehmen und den Kaufpreis zurückerstatten.

## Mietrecht

Sind im Mietvertrag keine Bestimmungen über die Tierhaltung enthalten, so ist grundsätzlich davon auszugehen, daß die üblichen Heimtiere in der Mietwohnung gehalten werden dürfen. Denn die Heimtierhaltung gehört heute zu der allgemeinen Lebensführung und zum vertragsgemäßen Gebrauch der Mietwohnung, solange durch die Tierhaltung keine Belästigungen eintreten (AG Offenbach, Az.: 34 C 705/85; AG Schöneberg, Az.: 8 C 11/91; AG Friedberg, Az.: C 66/93; AG Heidelberg, Az.: 20 C 72/92). Dies gilt grundsätzlich

**Die Kaspische Wasserschildkröte ist in Flüssen und Seen zuhause.**

und erst recht auch für die Haltung von Schildkröten. Denn diese Tiere sind ihrer Art und Natur nach nicht geeignet, eine Störung des Hausfriedens hervorzurufen (BGH, Az.: VIII ZR 10/92). Weder geht von ihnen eine übermäßige Störung aus, noch geben sie Geräusche von sich, die zu einer Lärmbelästigung anderer Mieter führen könnten. Ferner sind diese Tiere nicht imstande, größere Beschädigungen an der Wohnung zu verursachen. Der Mieter braucht daher zur Haltung von Schildkröten keine ausdrückliche Genehmigung, besonders dann nicht, wenn diese Tiere in Terrarien gehalten werden.

## Fundtier

Zugelaufene Schildkröten sind als Fundsache zu behandeln, daß heißt, sie sind grundsätzlich bei der Polizei oder im städtischen Fundbüro abzuliefern. Nur, wenn man das gefundene Tier bei der Behörde gemeldet hat, kann man später, sollte sich der Eigentümer nicht melden, auch Eigentum an dieser Schildkröte erlangen. Wer aber ein gefundenes Tier einfach behält, wird nicht rechtmäßiger Eigentümer.

## Tierschutz

Auch Schildkröten in dem Biotop »Terrarium« müssen art- und verhaltensgerecht gehalten werden. Das bedeutet nicht nur artgerechte Ernährung, sondern auch artgerechte Umweltbedingungen im Terrarium. Regelmäßiger Wasserwechsel bei den Wasserschildkröten gehört hier ebenso dazu wie eine artgemäße Terrarieneinrichtung.

# SICH VOR DER ANSCHAFFUNG INFORMIEREN

# Tips zum Kauf

Gleich, ob Sie eine Schildkröte durch Kauf, Tausch oder Schenkung erwerben, Sie müssen feststellen, ob das Tier artengeschützt ist (→ Artenschutz, Seite 24). Dies ist nur anhand des wissenschaftlichen Namens der Schildkröte herauszufinden. Lassen Sie sich deshalb unbedingt eine CITES-Bescheinigung, ein Begleitschreiben oder eine Rechnung ausstellen, auf der der lateinische Name der Schildkröte vermerkt ist. So haben Sie den schriftlichen Beweis dafür, daß Sie die Schildkröte rechtmäßig erworben haben.

## Woher man Schildkröten bekommt

Zoofachhandel: Die dort angebotenen Schildkröten können Sie bedenkenlos erwerben. Handelt es sich um die Nachzucht einer artgeschützten Schildkröte, werden Ihnen in der Regel unaufgefordert die entsprechenden CITES-Papiere, sozusagen der »Personalausweis« der Schildkröte, ausgehändigt. Vorsichtig müssen Sie jedoch dann sein, wenn es sich um eine ungeschützte Art handelt. Kaufen Sie nie spontan. Lassen Sie sich zunächst den wissenschaftlichen Namen der Schildkröte geben und erkundigen Sie sich vor dem Kauf nach den Pflegebedingungen. Oft wird beispielsweise die »Bunte Erdschildkröte« angeboten, deren Pflege in der Obhut des Menschen so gut wie nie auf Dauer gelingt (→ Seite 37).

Außerdem werden manche Arten riesig groß oder andere, die paarweise angeboten werden, sind nur für die Einzel-

## WOHER SIE EINE SCHILDKRÖTE BEKOMMEN

**Ein umgekippter Baumstamm wird für die Sumpfschildkröten zur Sonneninsel.**

**Foto links: Sportlich und schlank präsentiert sich die Vierzehenschildkröte.**

haltung geeignet wie etwa die Weich- und Schnappschildkröten (→ Seite 43).

Züchter: Auch hier finden Sie geschützte Schildkröten-Arten mit CITES-Bescheinigung, die Sie bedenkenlos erwerben können. Züchter inserieren häufig in Terrarien- und Aquarienzeitschriften sowie im »Rundbrief« der DGHT (→ Adressen, Seite 125).

Machen Sie sich am besten immer persönlich ein Bild davon, wie der Züchter seine Tiere hält, wo sie untergebracht sind und wie die Überwinterungsquartiere aussehen. Lassen Sie sich auch die Elterntiere zeigen.

Hinweis: Wer im Zoofachhandel nicht seine Wunschschildkröte entdeckt, kann sie eventuell beim Züchter »vorbestellen«. Währenddessen haben Sie Zeit, Ihrer Schildkröte eine entsprechende Unterkunft einzurichten und

## SICH VOR DER ANSCHAFFUNG INFORMIEREN

sich eingehend mit den Ansprüchen Ihres zukünftigen Pfleglings zu befassen.

**Zeitpunkt des Kaufs**

Am besten kaufen Sie Ihre Schildkröte in den Sommermonaten. Jedoch nicht früher als im Mai und nicht später als im September.

Bei Schildkrötenarten, die eine Winterruhe einlegen, ist die Anschaffung im Herbst mit großen Risiken verbunden. Der Laie kann dann oft nicht beurteilen, ob eine teilnahmslose Schildkröte lediglich reif für die Winterruhe ist oder ob sie krank ist. Haben Sie tatsächlich ein krankes Tier gekauft und überwintern es, wird die Schildkröte das kommende Frühjahr kaum lebend erreichen.

Eine eben erst aus dem Winterschlaf erwachte Schildkröte sollte man auch nicht kaufen. Wenn sie nämlich mit einem leichten Gesundheitsschaden eingewintert wurde, kann dieser nach dem Erwachen in den darauffolgenden vier bis acht Wochen erst richtig zur Auswirkung kommen.

Arten aus tropischen Gebieten legen keine Winterruhe ein. Achten Sie beim Kauf solcher Schildkröten aber stets darauf, daß sie sehr zugempfindlich sind. Arten aus tropischen Gebieten müssen im Winter absolut warm und sicher transportiert werden (→ Fotos, Seite 106/107).

**Foto oben:** Mit vorsichtigem Druck wird der Panzer des Jungtieres geprüft. Er muß fest, aber auch elastisch sein.

**Foto unten:** Eine gesunde Schildkröte zeigt in solch einer Lage Abwehrbewegungen.

## Schildkröten-Gesundheitscheck

|  | **Landschildkröte** | **Sumpf-, Wasserschildkröte** |
|---|---|---|
| **Panzer gesund** | Jungtiere bis 1/3 Endgröße: Panzer fest elastisch wie Daumennagel Alttiere: Panzer hart und fest. Alle Hornplatten fest und unversehrt. | Sumpfschildkröten: →Landschildkröten. Weichschildkröten: Ledriger Panzer, sauber, ohne Risse, Schnitte, offene Stellen (Bauchfläche und Ränder kontrollieren!). |
| **Panzer krank** | Jung- und Alttiere: Panzer gibt auf Druck nach wie Hefebrötchen. Alttiere: Fest, aber dann verformt. Einzelschilder stark bucklig. Bauchpanzer: Löcher im Hornschild, rosige, wässerige Bläschen. | Sumpfschildkröten: →Landschildkröten. Weichschildkröten: Ledrige Haut mit weißgeränderten, kraterförmigen Vertiefungen oder Flecken; größere Verletzungen zum Teil weiß gerändert, auch Kantenverletzung. |
| **Haut gesund** | Außerhalb der starken Beschuppung an Hals und Beinen ledrig weich und elastisch. | Sumpfschildkröten: Ledrig, weich, elastisch. Wasserschildkröten: weich, elastisch, glatt, unverletzt. |
| **Haut krank** | Borkig? Mit Zecken und Milben befallen? | Fleckig oder großflächig rosig unterlaufen, mit wattebauschähnlichen Anhängen (Pilz). |
| **Augen gesund** | Klar, blank, weit geöffnet. | |
| **Augen krank** | Hornhaut milchig trüb, Lider geschlossen, geschwollen. | |
| **Atemwege gesund** | An Land trocken, keine Bläschen und kein Geräusch beim Atmen. | |
| **Atemwege krank** | Bläschen an Nase und Mund, rasselnder Atem. | Wie Landschildkröte. Dazu eventuell seitlich schräge Schwimmlage. |
| **Fortbewegung an Land** | Es werden alle vier Beine zur Fortbewegung benutzt; kein Nachziehen der Hinterbeine (Nervenschädigung!). | |
| **Vitalität** | Das Tier zeigt beim Aufnehmen entweder heftige Abwehrbewegungen oder kräftige Rückzugsreaktion in den Panzer. | |

SICH VOR DER ANSCHAFFUNG INFORMIEREN

# Beliebte Schildkrötenarten

Auf den folgenden Seiten finden Sie Schildkrötenarten beschrieben, die häufig im Zoofachhandel oder von Züchtern angeboten werden.

### Aufbau des Porträtteils

In diesem Porträtteil werden zunächst die landlebenden Schildkröten und anschließend die wasserlebenden Schildkröten bzw. Sumpfschildkröten behandelt.

Zu jeder Art erhalten Sie Informationen über deren Größe, Verbreitung, natürlichen Lebensraum sowie Verhalten. Unter dem Stichwort »Haltung« gebe ich Ihnen eine Kurzpflegeanleitung für die jeweilige Schildkrötenart. Bei den Temperaturangaben sollten auf keinen Fall die als Obergrenze angegebenen Werte auf Dauer eingestellt, sondern nur für etwa 6 Stunden am Tag erreicht werden. Genaue Angaben über die richtige Einrichtung der Unterbringung für die einzelne Schildkrötenart finden Sie auf den Seiten 50 bis 63.

Die Futterangaben in den einzelnen Steckbriefen sagen lediglich aus, ob die Schildkröte pflanzliche oder tierische Nahrung bevorzugt. Bitte lesen Sie hierzu das Kapitel »Die Schildkröte richtig ernähren« ab Seite 70.

Unter dem Stichwort »Winterruhe« wird nur angegeben, ob die Schildkröte eine Winter- bzw. eine Sommerruhe braucht oder nicht. Was für Sie als Pfleger dabei zu beachten ist, können Sie ab Seite 65 nachlesen.

### Griechische Landschildkröte

*Testudo hermanni*
Größe: Bis 20 cm.
Verbreitung: Griechenland, Balkanländer bis zur Donau. Die Unterart *Testudo hermanni boettgeri* lebt in Süditalien. Die Unterart *Testudo hermanni hermanni*, kommt in Mittel- und Norditalien, auf den Balearen, Korsika, Sardinien, in Südfrankreich und Ostspanien vor.
Natürlicher Lebensraum: Freies, steppenartiges Gelände mit eingestreuten Steinen und locker verteilten Sträuchern. Hier gibt es viel Sonne und lichten Schatten. Sie versteckt sich in Erdhöhlen.
Verhalten: Tagaktiv, klettert und gräbt gerne; bei richtiger Pflege verhält sich das Tier sehr lebhaft.
Haltung: Terrarium und Freianlage; erforderliche Luft-

# LANDSCHILDKRÖTEN

**Die Vogeltränke wird von der Griechischen Landschildkröte nicht nur zum Trinken, sondern auch zum Baden genutzt.**

durchschnittstemperatur von 18 (nachts) bis 26 °C (tagsüber). Ohne Frühbeet (→ Seite 60) ist eine Freilandhaltung in den Monaten Juni, Juli und August möglich. Mit Frühbeet auch im Mai und September. Bei kälteren Tagestemperaturen muß die fehlende Sonne durch einen Spotstrahler (→ Seite 61) ersetzt werden. Außerhalb der Winterruhe, im Herbst und Frühjahr, sollte diese Schildkröte im Terrarium gehalten werden.
<u>Futter:</u> Blätter, Gräser und Kräuter, im Herbst auch Heu (Wasser nicht vergessen!).
<u>Winterruhe:</u> ja; auch im ersten Lebensjahr!

# SICH VOR DER ANSCHAFFUNG INFORMIEREN

**Zwei erwachsene Maurische Landschildkröten beriechen sich ausgiebig.**

## Maurische Landschildkröte
*Testudo graeca*
Größe: Bis über 30 cm.
Verbreitung: Südeuropa, Iran, Ägpten, Libyen, Marokko. Es gibt 4 Unterarten, die alle in gleicher Weise zu pflegen sind.
Natürlicher Lebensraum: Freies, steppenartiges Gelände mit Steinen. Versteckt sich in Erdhöhlen.
Verhalten: Tagaktiv, lebhaft, klettert und gräbt gerne.
Haltung: Terrarium und Freianlage; Lufttemperaturen 18 (nachts) bis 26 °C (tagsüber). Ohne Frühbeet nur von Juni bis August im Freien halten, mit Frühbeet auch im Mai und September. Bei kälteren Tagestemperaturen, Spotstrahler einsetzen. Außerhalb der Winterruhe, im Herbst und Frühjahr, Terrarienhaltung nötig.
Futter: Blätter, Gräser und Kräuter, im Herbst auch Heu.
Winterruhe: Ja.

## Breitrandschildkröte
*Testudo marginata*
Größe: Etwa 30 cm.
Verbreitung: Südgriechenland; auf Sardinien angesiedelt.
Natürlicher Lebensraum: Sonnige Hänge mit Gras- und Strauchbewuchs.
Verhalten: Tagaktiv, klettert und gräbt gerne.
Haltung: Terrarium und Freianlage; Lufttemperaturen 18 (nachts) bis 26 °C (tagsüber).

# LANDSCHILDKRÖTEN

**Eine Breitrandschildkröte fühlt sich im Sommer auf warmem, locker bewachsenem Boden wohl.**

**Die Vierzehen-Landschildkröte gräbt bis zu 12 Meter lange Gänge unter der Erde.**

Ohne Frühbeet Freilandhaltung von Juni bis August, mit Frühbeet auch im Mai und September. An kalten Tagen einen Spotstrahler einsetzen. Terrarienhaltung im Herbst und Frühjahr.
<u>Futter:</u> Blätter, Gräser und Kräuter, im Herbst auch Heu.
<u>Winterruhe:</u> Ja.
<u>Besonderheiten:</u> Griechische und Breitrandschildkröten können zusammen Nachwuchs zeugen. Solche Kreuzungen aus Artenschutzgründen vermeiden.

## Vierzehen-Landschildkröte
Russische Landschildkröte
*Testudo horsfieldii*
<u>Größe:</u> Bis 20 cm.
<u>Verbreitung:</u> Östlich des Kaspischen Meeres, Iran bis Pakistan in Wüsten und Gebirgen.
<u>Natürlicher Lebensraum:</u> Freies, karstiges Gelände mit trockenem Sand- und Lehmboden. Versteckt sich in Erdhöhlen.
<u>Haltung:</u> Terrarium und Freianlage; Lufttemperaturen 18 (nachts) bis 26 °C (tagsüber). Ohne Frühbeet von Juni bis August Freilandhaltung, mit Frühbeet auch im Mai und September. Bei kälteren Tagestemperaturen Spotstrahler einsetzen. Im Frühjahr und Herbst Terrarienhaltung.
<u>Verhalten:</u> Tagaktiv, klettert und gräbt gerne.
<u>Futter:</u> Blätter, Gräser und Kräuter, im Herbst auchHeu.
<u>Winterruhe:</u> Ja.
<u>Besonderheit:</u> Kann eine Sommerruhe einlegen (4 bis 5 Wochen).

## SICH VOR DER ANSCHAFFUNG INFORMIEREN

**Glattrandgelenkschildkröte**
*Kinixys belliana*
Größe: 20 cm.
Verbreitung: Mittleres und südliches Afrika, Madagaskar.
Natürlicher Lebensraum: Steppenlandschaft mit trockenem, sandig-kiesigem Untergrund.
Verhalten: Tagaktiv.
Haltung: Terrarium und Freianlage; Lufttemperatur 20 (nachts) bis 30 °C (tagsüber). In der Freianlage nur bei schönem Wetter von Juni bis August zu halten.
Futter: Gräser, Kräuter und Früchte.
Winterruhe: Keine, jedoch sind Ausnahmen möglich.
Besonderheiten: Gelenk im Rückenpanzer zum Schließen der Hinterpartie.

**Stutzgelenkschildkröte**
*Kinixys homeana*
Größe: 20 cm.
Verbreitung: Westafrika.
Natürlicher Lebensraum: Tropischer Regenwald mit laubreichem, humosem Boden.
Verhalten: Tagaktiv.
Haltung: Terrarium mit tropischem Klima (über 70% Luftfeuchtigkeit), Lufttemperatur 24 (nachts) bis 30 °C (tagsüber).
Hinweis: Der Bodengrund darf nicht schimmeln. Die Luft muß stets frisch und würzig riechen. Voraussetzung dazu ist eine gute Belüftung und eine gut befeuchtete Ecke, in die sich das

**Die Glattrandgelenkschildkröte ist in der afrikanischen Steppe zuhause.**

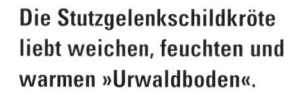

**Die Stutzgelenkschildkröte liebt weichen, feuchten und warmen »Urwaldboden«.**

# LANDSCHILDKRÖTEN

*Das Männchen der Dosenschildkröte hat leuchtend rote Augen.*

Tier verkriechen kann.
Futter: Gräser, Kräuter und Früchte.
Winterruhe: Keine.
Besondheiten: Gelenk im Rückenpanzer zum Schließen der Hinterpartie.

## Schmuck-Dosenschildkröte

*Terrapene ornata*
Größe: Bis 15 cm.
Verbreitung: USA, zwischen den westlichen Nebenflüssen des Mississippi.
Natürlicher Lebensraum: Grasland; sandige, halbtrockene Böden mit Strauchwuchs, nahe von Gewässern. Versteckt sich in Erdhöhlen.
Verhalten: Dämmerungsaktiv (morgens und abends). Tagsüber in Höhlen zurückgezogen.
Haltung: Terrarium und Freianlage; Lufttemperatur: 18 (nachts) bis 28 °C (tagsüber). Freilandhaltung von Juni bis August. Im Herbst und Frühjahr im Terrarium. Die Schildkröte liebt die Morgen- und Abendsonne.
Futter: Fleischliche Nahrung, (Schnecken), Kräuter, Pilze. Frißt auch Giftpilze ohne Schaden.
Winterruhe: Ja, auch Tiere im ersten Lebensjahr.
Besonderheiten: Quer verlaufendes Gelenk am Bauchpanzer erlaubt ein »Zudeckeln« durch Anziehen der vorderen und hinteren Panzerabschnitte. Die Geschlechter sind an der Augenfarbe zu unterscheiden. Bei allen Dosenschildkröten ist die Regenbogenhaut im Auge der Männchen rotbraun bis orange gefärbt, während die der Weibchen gelblich weiß bis gelb gefärbt ist. Diese Schildkröte ist nur für erfahrene Schildkrötenpfleger zu empfehlen. Kreuzungen zwischen verschiedenen Dosenschildkrötenarten sind möglich, aber aus Artenschutzgründen unerwünscht.

## SICH VOR DER ANSCHAFFUNG INFORMIEREN

**Köhlerschildkröte**
*Testudo carbonaria*
Größe: Bis 50 cm (!).
Verbreitung: Tropisches Südamerika.
Natürlicher Lebensraum: Regenwälder mit laubreichem, humosem Boden.
Verhalten: Tagaktiv.
Haltung: Terrarium mit über 70 % Luftfeuchtigkeit, Lufttemperatur 24 (nachts) bis 30 °C (tagsüber).
Hinweis: Der Bodengrund darf nicht schimmeln. Die Luft muß frisch und würzig riechen. Für eine gute Belüftung und eine feuchte Ecke zum Verkriechen sorgen.
Futter: Gräser, Kräuter und Früchte.
Winterruhe: Keine.

**Stachelrandgelenkschildkröte**
*Kinixys erosa*
Größe: Bis 30 cm.
Verbreitung: Westafrika.
Natürlicher Lebensraum: Tropischer Regenwald mit humosem Boden.
Verhalten: Tagaktiv.
Haltung: Terrarium mit über 70 % Luftfeuchtigkeit, Lufttemperatur 24 (nachts) bis 30 °C (tagsüber).
Hinweis: Der Bodengrund darf nicht schimmeln. Die Luft muß frisch und würzig riechen. Voraussetzung dafür ist eine gute Belüftung und eine gut befeuchtete Ecke zum Verkriechen.
Futter: Gräser, Kräuter und Früchte.
Winterruhe: Keine.

**Foto oben: Eine gut gepflegte Köhlerschildkröte zeigt leuchtende Farben.**

**Foto unten: Auch die Stachelrandgelenkschildkröte hat ein Rückenpanzergelenk zum Schließen der Hinterpartie.**

## LAND- UND SUMPFSCHILDKRÖTEN

**Foto oben:** Die Bunte Erdschildkröte ist ein sehr problematischer Pflegling.

**Foto unten:** Die Plattschildkröte liebt »Landausflüge«, gehört jedoch zu den schwer zu haltenden Arten.

Folgende Arten werden oft als Landschildkröten betrachtet, da sie sich häufiger als andere Sumpfschildkröten an Land begeben:

■ Bunte Erdschildkröte (*Rhinoclemys pulcherrima*, auch als *Geoemyda pulcherrima* (manni) bezeichnet. Es gibt noch einige andere Unterarten.

■ *Cyclemys mouhoti* (früher als *Pyxidea mouhoti* bezeichnet),

■ Halswenderschildkröte (*Platemys platycephala*),

■ Heosemys-Arten aus Asien.

Die Bunte Erdschildkröte wird leider recht häufig im Handel angeboten, obwohl selbst erfahrenen Wissenschaftlern eine Haltung auf Dauer nicht gelungen ist. Hier jedoch die wichtigsten Haltungsbedingungen, um die Qual der Schildkröten nicht unnötig zu verschlimmern:

Unterbringung: Aquaterrarium mit 1/3 Wasser und 2/3 Landteil; Wassertemperatur 27 °C; Lufttemperatur 27 bis 28 °C. Ein Spotstrahler sorgt in einer Ecke des Terrariums für eine Temperatur von 36 °C. Im abgedeckten Aquaterrarium muß eine Luftfeuchtigkeit von 85 bis 95 % hergestellt werden. Gleichzeitig unbedingt darauf achten, daß es nicht zu Zersetzungsvorgängen wie z. B. Kompostierung oder Schimmelbildung kommt.

**Hinweis:** Die hier genannten Schildkröten sind zum Teil bei den folgenden Sumpfschildkröten-Porträts genauer beschrieben (→ Seite 46/47).

## SICH VOR DER ANSCHAFFUNG INFORMIEREN

**Moschusschildkröte**
*Sternotherus odoratus*
Größe: Bis 15 cm.
Verbreitung: USA (Florida) bis südliches Kanada.
Natürlicher Lebensraum: Stille, krautreiche Gewässer.
Verhalten: Tag- und nachtaktiv, frißt viel; schlechter Schwimmer.
Haltung: Aquaterrarium und Gartenteich; Tiere aus den nördlichen USA bei 20 bis 25 °C Wassertemperatur, die aus den südlichen USA bei 23 bis 28 °C pflegen. Lufttemperatur 24 bis 28 °C. Im Gartenteich von Juni bis August, die nördliche Art auch von Mai bis September zu pflegen.
Futter: Fleischkost.
Winterruhe: Ja/nein, je nach Herkunft.
Besonderheiten: Wurzeln, Steine oder auch Sisal-Tauenden (Ø 6 cm!) als Kletterhilfe im Terrarium anbringen. Im Gartenteich für flache Ufer sorgen. Das Tier scheidet ein stark riechendes Sekret (»Moschus«) aus, wenn es gereizt wird.
Ähnlich zu pflegende Arten:
■ Kaspische Wasserschildkröte, *Clemmys caspica rivulata*, Größe bis 20 cm, in Seen und Flüssen zu Hause, Fleischfresser, Überwinterung nach Verhalten beurteilen.
■ Europäische Sumpfschildkröte, *Emys orbicularis*, Größe bis 25 cm, lebt in Sumpfgebieten, Fleischfresser, Winterruhe nötig.
Besonderheit: Mitteleuropäische Tiere sind streng

**Die Moschusschildkröte kann nicht besonders gut schwimmen. Sie braucht auch im Wasser Halt unter den Füßen.**

**Die Waldbachschildkröte aus den nördlichen USA fühlt sich auch in unseren Breiten wohl.**

# WASSER- UND SUMPFSCHILDKRÖTEN

*Immer auf der Hut. Bei Gefahr verschwindet die Rotwangenschmuckschildkröte blitzschnell im Wasser.*

artengeschützt. Südosteuropäische Unterarten dürfen wegen der Gefahr der Artenverfälschung nicht ausgesetzt werden!

## Waldbachschildkröte

*Clemmys insculpta*
Größe: Männchen 13, Weibchen bis 23 cm.
Verbreitung: USA, Region der großen Seen bis ins kanadische Nova Scotia.
Natürlicher Lebensraum: Kühle Bäche und Flüsse, Sümpfe und Sumpfwiesen.
Haltung: Terrarium und/ oder Freianlage mit Schutzhütte; erforderliche Lufttemperatur entspricht einem mitteleuropäischem Klima. Freilandhaltung ab April bis Oktober ohne Schutzhütte, mit beheizbarer Schutzhütte ab Anfang März bis Ende Oktober.
Verhalten: Tagaktiv; überklettert mannshohe Maschendrahtzäune, intelligent, liebt Landaufenthalte.
Futter: Schnecken, Würmer, Käfer, Beeren und Früchte.
Winterruhe: Ja. Überwintert im Wasser oder gräbt sich an Land ein. Aquaterrarium abkühlen und das Tier selbst auswählen lassen.
Besonderheiten: Heftiges Balzverhalten und aggressives Verhalten der Männchen untereinander. Nur für Liebhaber mit »Schildkrötenerfahrung«.
Ähnlich zu pflegende Arten:
■ Blandings-Sumpfschildkröte: *Emidoidea blandingi*, Männchen bis 13, Weibchen bis 27 cm. In flachen Teichen und Sümpfen mit mulmigem Boden, nördliche USA und mittlere, nördliche USA. Bleibt relativ scheu.

## Rotwangenschmuckschildkröte

*Chrysemys (Pseudemys) scripta elegans.*
Größe: Bis 25 cm.
Verbreitung: Südliche USA, östlich und westlich des Mississippi.

# SICH VOR DER ANSCHAFFUNG INFORMIEREN

Natürlicher Lebensraum: Stille, verkrautete Gewässer.
Haltung: Aquarium und Gartenteich; im Aquarium 26 bis 28 °C Wassertemperatur, Lufttemperatur 26 bis 32 °C. Gartenteichhaltung von Juni bis August. In den übrigen Monaten, außerhalb der Winterruhe, Terrarienhaltung.
Verhalten: Tagaktiv, liebt Sonnenplatz dicht über dem Wasser, lebhafte Schwimmerin.
Futter: Jungtiere Fleischfresser, mit zunehmendem Alter auch Pflanzenfresser.
Winterruhe: Ja, auch im ersten Lebensjahr. Nie im Gartenteich überwintern!
Ähnlich zu pflegende Arten:
■ Gelbwangen-Schmuckschildkröte, *Chrysemys troosti*, Größe bis 25 cm.
■ Hieroglyphenschmuckschildkröte, *Chrysemys concinna hieroglyphica*, 40 cm groß.

## Tropfenschildkröte

*Clemmys guttata*
Größe: Bis 12 cm.
Verbreitung: Im Osten und Nordosten der USA.
Natürlicher Lebensraum: Kleine, sumpfige Wiesengewässer und langsam fließende Flüsse.
Verhalten: Tagaktiv, wenn das Wasser warm genug ist. Lebt häufig untergetaucht; nimmt bei kaltem Wasser gern ein Sonnenbad.
Haltung: Aquarium und Freianlage; Wassertemperatur 22 bis 27 °C, Lufttemperatur 22 bis 28 °C. Im Gartenteich von Juni bis August nur an heißen Sonnentagen (Körpertemperatur muß 36 °C erreichen).
Futter: Fleischkost.
Winterruhe: Ja.
Besonderheiten: Männchen haben braune, Weibchen gelbe Augen. Je nach Herkunft unterschiedliche Überwinterungsdauer. Winterruheverhalten beobachten, Seite 65.
Besser Einzelhaltung, da auch Paare bei Platzmangel unverträglich sind.

**Die Tropfenschildkröte auf der Suche nach Nahrung. Hier gab es doch letztens so leckere Wasserschnecken.**

## WASSER- UND SUMPFSCHILDKRÖTEN

Foto oben: Die Chinesische Dreikielschildkröte hat ihren Namen wegen ihrer drei Längskiele auf dem Rückenpanzer.

Foto unten: Mississippi-Höckerschildkröte.

### Chinesische Dreikielschildkröte
*Chinemys reevesii*
Größe: Bis 17 cm.
Verbreitung: Indonesien, Japan, Südostchina.
Natürlicher Lebensraum: Stille Süß- und Brackgewässer.
Verhalten: Tagaktiv.
Haltung: Aquarium und Gartenteich; Aquarium mit Unterwasserklettermöglichkeiten zur Oberfläche, da diese Schildkröte eine schlechte Schwimmerin ist. Gartenteich von Juni bis August, jedoch nur an heißen Tagen, wenn das Wasser 27 °C erreicht. Lufttemperatur 24 bis 28 °C.
Futter: Fleischkost.
Winterruhe: Keine.
Ähnlich zu pflegende Arten:
■ Smith Dachschildkröte, *Kachuga smithii*, lebt in Indus und Ganges, Pflanzenfresser, keine Winterruhe.
■ Spitzkopfschildkröte, *Emydura albertisii*, aus Neuguinea und Australien; Gemischtkost.

### Mississippihöckerschildkröte
*Graptemys kohnii*
Größe: Bis 25 cm.
Verbreitung: Südliche USA.
Natürlicher Lebensraum: Kleine, stille Gewässer, warm und krautreich, reich an Insekten und Fischen.
Verhalten: Tagaktiv.
Haltung: Aquarium mit Sonneninsel z. B. aus Kork; nur an heißen Sommertagen im Gartenteich pflegen. Voraussetzung dafür ist, daß die Schildkröte die Körpertemperatur

# SICH VOR DER ANSCHAFFUNG INFORMIEREN

von 36 °C in der Sonne erreichen kann. Wassertemperatur 22 bis 28 °C, Lufttemperatur 22 bis 28 °C.
**Hinweis:** Die Insel zum Sonnen außerhalb des Wassers im Aquarium ist sehr wichtig!
<u>Futter:</u> Pflanzenfresser, 30 bis 50 % tierische Beikost.
<u>Winterruhe:</u> Ja/nein. Überwinterungsbedürfnis durch Beobachtung des Verhaltens feststellen (→ Seite 65).
<u>Ähnlich zu pflegende Arten:</u>
■ Maurische Wasserschildkröte, *Mauremys (Clemmys) caspica leprosa*, Größe bis 25 cm. Lebt in Flüssen Spaniens, Portugals und Algeriens.
■ Falsche Landkartenhöckerschildkröte, *Graptemys pseudogeographica*, Größe bis 25 cm. Lebt in fruchtbaren Gewässern der USA in 4 Unterarten. Pflanzenfresser mit 30 bis 50 % tierischer Beikost, Überwinterung durch Beobachten feststellen (→ Seite 65).
■ Kaspische Bachschildkröte, *Mauremys caspica caspica*, Größe bis 25 cm. Lebt in langsam fließenden Gewässern südlich des Kaspischen Meeres in 3 Unterarten. Pflanzenfresser mit 30 bis 50 % tierischer Beikost. Überwinterungsbedürfnis durch Beobachtung feststellen.

**Amboina-Scharnierschildkröte**
*Cuora amboinensis*
<u>Größe:</u> Bis 20 cm.
<u>Verbreitung:</u> Südostasien.
<u>Natürlicher Lebensraum:</u> Stille, flache Gewässer mit flachen Ufern. Diese Schildkröte

**Foto oben:** Die Gelbrand-Scharnierschildkröte wird wie die Amboina-Scharnierschildkröte gepflegt.

**Foto unten:** Die bedächtige Dickhalsschildkröte.

42

# WASSER- UND SUMPFSCHILDKRÖTEN

**Gleich geht's ab an die Wasseroberfläche. Die Amboina-Scharnierschildkröte braucht frische Luft.**

geht auch gern an Land.
<u>Verhalten:</u> Tagaktiv. Die Amboina-Scharnierschildkröte ist eine schlechte Schwimmerin.
<u>Haltung:</u> Aquaterrarium mit Unterwasser-Kletterhilfen wie z. B. Steinen, Wurzeln oder Sisal-Tauenden, damit die Schildkröte bequem zur Wasseroberfläche gelangen kann. Der Landanteil sollte 30 bis 40% betragen. Wassertemperatur 24 bis 30 °C, Lufttemperatur 26 bis 30 °C.
**Hinweis:** Selbst kurzfristiges Absinken der Temperatur auf unter 18 °C kann die Gesundheit des Tieres schädigen!
<u>Futter:</u> Gemischtkost.
<u>Winterruhe:</u> Keine.
<u>Ähnlich zu pflegende Arten:</u>

■ Gelbrand-Scharnierschildkröte, *Cuora flavomarginata* (→ Foto, Seite 42 oben). Sie ist auf den Philippinen und in Sulawesi zuhause.

### Dickhalsschildkröte
*Siebenrockiella crassicollis*
<u>Göße:</u> Bis 20 cm.
<u>Verbreitung:</u> Südostasien, tropischer Regenwald und Savanne.
<u>Natürlicher Lebensraum:</u> Tümpel, Teiche und Fließgewässer aller Art.
<u>Verhalten:</u> Tagaktiv, ruhiges Temperament.
<u>Haltung:</u> Aquarium mit Unterwasser-Kletterhilfen, z. B. in Form von Wurzeln, Steinen oder Sisal-Tauenden. Wassertemperatur und Lufttemperatur 24 bis 30 °C.
<u>Futter:</u> Fleischkost und Pflanzenkost je zur Hälfte.
<u>Winterruhe:</u> Keine.

### Dornrand-Weichschildkröte
*Trionyx spiniferus*
(→ Foto, Seite 44)
Es gibt weltweit 23 Trionyx-Arten. Am häufigsten trifft man zur Zeit auf Arten, die aus den USA stammen (*Trionyx ferox, trionyx spiniferus*).
<u>Größe:</u> Männchen 15 cm, Weibchen bis 45 (!) cm.

# SICH VOR DER ANSCHAFFUNG INFORMIEREN

Achten Sie unbedingt auf Art und Herkunft! Afrikanische Weichschildkröten werden bis zu 60 cm groß. Sie können empfindlich zubeißen.
Verbreitung: Hauptsächlich mittlere und östliche USA.
Natürlicher Lebensraum: Sumpfige Fließgewässer, Seen.
Verhalten: Tagaktiv.
Haltung: Aquarium, auch Gartenteich von Juni bis August. Wassertemperatur 22 bis 27 °C, Lufttemperatur entsprechend der Wassertemperatur. Feinsandiger Aquarienboden (Flußsand, keinesfalls »scharfer« Sand, ersatzweiße Schaumstoffwürfel). Sonneninsel installieren (→ Seite 55)!
Futter: Fleischliche Kost (auch Wasserschnecken).
Winterruhe: Ja/nein. Sie ist abhängig von der Herkunft und nur am Verhalten festzustellen (→ Seite 65).
Hinweis: Einzelhaltung. Der Panzer ist hochempfindlich, Verletzungen heilen schlecht. Das Wasser muß sauber sein. Bisse von erwachsenen Tieren können den Finger kosten!

**Statt eines Panzers ist der Dornrand-Weichschildkröte nur noch eine Art »Lederwams« geblieben.**

## Zierschildkröte

*Chrysemys picta*
Größe: Bis 25 cm.
Verbreitung: USA, östlich des Mississippi, Im Norden auch westlich davon.
Natürlicher Lebensraum: Ruhige, krautreiche Gewässer.
Verhalten: Tagaktiv; recht beständiger Wech-

**Die Zierschildkröte kann von Juni bis Ausgust im Gartenteich gehalten werden.**

## WASSER- UND SUMPFSCHILDKRÖTEN

Paarung der Schlangenhalsschildkröte. Im Wasser sind die Schwimmhäute zwischen den Zehen gut zu erkennen.

Foto rechts: Nach drei Monaten schlüpft die junge Schlangenhalsschildkröte.

sel von Futtersuche und Sonnenbad.
Haltung: Aquarium und Gartenteich; Wassertemperatur 20 bis 25 °C, Lufttemperatur 20 bis 25 °C. Im Aquarium Spotstrahler zum Aufwärmen über einem Landteil (»Insel« z. b. aus Holz). Im Gartenteich von Juni bis August zu halten.
Futter: Fleisch- und Pflanzenkost je zur Hälfte.
Winterruhe: Ja, auch im ersten Lebensjahr.

### Schlangenhalsschildkröte
*Chelodina longicollis*
Größe: Bis 30 cm.
Verbreitung: Ost-Australien.
Natürlicher Lebensraum: Stille und langsam fließende Gewässer, seichte Ufer. Zur Regenzeit auch vorübergehend an Land.
Verhalten: Tagaktiv, lebhafte Schwimmerin, zur Paarungszeit recht bissig.
Haltung: Besonders großes Aquarium; Wassertemperatur 23 bis 28 °C, Lufttemperatur 24 bis 28 °C.
Futter: Fleischkost.
Winterruhe: Keine.
Besonderheiten: Diese Schildkröte bringt Kopf und Hals in Sicherheit, indem sie beides seitlich zwischen Bauch und Rückenpanzer legt (»Halswender«).

### Klappschildkröte
*Kinosternon subrubrum*
Größe: Bis 12 cm.
Verbreitung: USA, Ebenen des Mississippi und Zuflüsse, Ostküste.
Natürlicher Lebensraum: Stille, flache und krautreiche Gewässer mit flachen Ufern.
Verhalten: Frühmorgens und abends aktiv.

## SICH VOR DER ANSCHAFFUNG INFORMIEREN

Schlechte Schwimmerin, die viel an Land weilt. Agressiv gegen Artgenossen, daher sollten Anfänger zunächst ein Einzeltier pflegen.
Haltung: Aquaterrarium und Gartenteich. Das Aquaterrarium zur Hälfte mit einem Landteil, zur anderen Hälfte mit Wasser und flachen, leicht zu erkletternden Ufern gestalten. Haltung im Gartenteich von Ende Mai bis September. Wassertemperatur 23 bis 24°C, Lufttemperatur 22 bis 28 °C.
Futter: Jungtiere: 50 % Wasserinsekten und 50 % weiche Pflanzenkost (Teichpflanzen, gewässerter Salat). Heranwachsende Schildkröten: Fleischkost und Pflanzenkost zu gleichen Teilen.
Winterruhe: Ja/nein, je nach Herkunft. Bedürfnis der Winterruhe am Verhalten ablesen (→ Seite 65).
Besonderheiten: Ein Scharnier quer über dem Bauchpanzer ermöglicht das Verschließen der Panzeröffnung. Diese Schildkröte kann ein stark riechendes Sekret absondern. Ältere Männchen kann man deutlich aufgrund ihrer stark verhornten, nagelähnlichen Schwanzspitze von den Weibchen unterscheiden.

**Cyclemys mouhoti**
*Pyxidea mouhoti*
Größe: Bis 18 cm.
Verbreitung: Vietnam, Laos.
Natürlicher Lebensraum: In und an Gewässern des tropischen Regenwalds.
Verhalten: Jungtiere leben bevorzugt im Wasser, ältere Tiere halten sich gerne an Land auf. Sie vergraben sich in feuchter Lauberde und schätzen die Beschattung durch Pflanzenwuchs.
Haltung: Aquaterrarium; Wassertemperatur 23 bis 25 °C, Lufttemperatur 23 bis 25 °C, Bodentemperatur 20 bis 22 °C.
Futter: Gemischtkost.
Winterruhe: Keine.
Besonderheit: Diese Schild-

**Pyxidea (Cyclemis) mouhoti lebt als Jungtier vorwiegend im Wasser, später an Land.**

# WASSER- UND SUMPFSCHILDKRÖTEN

**Foto oben:** Spenglers Erdschildkröte liebt strömungsreiche Gewässer.

**Foto unten:** Die Dickkopfschildkröte verbringt ihr gesamtes Leben unter Wasser.

krötenart hat einen ausgeprägten »Haken« am Oberkiefer, der ihr als Kletterhilfe dient. Er darf keinesfalls entfernt werden.
Fast erwachsen, bildet sich im hinteren Drittel des Bauchpanzers ein Quergelenk aus.

Ähnlich zu pflegende Art:
■ Sägerandschildkröte, *Cyclemys dentata*.

### Spenglers Erdschildkröte
*Geoemyda spengleri*
Größe: Bis 15 cm.
Verbreitung: Südchina, Vietnam, Indonesien.
Natürlicher Lebensraum: Gewässer in tropischen Bergregenwäldern.
Verhalten: Tagaktiv.
Haltung: Aquaterrarium mit 50 bis 75% Landteil (»Waldboden« aus Laub und feuchtem Rindenhäcksel). Probieren Sie eine starke Wasserströmung im Aquaterraium aus. Wenn die Schildkröte sie aufsucht, Strömung beibehalten. Geröllboden im Wasser sorgt für Halt. Wassertemperatur 24 bis 26 °C, Lufttemperatur 24 bis 26 °C.
Futter: Gemischtkost.
Winterruhe: Keine.
Hinweis: Die Tiere besitzen einen ausgeprägten »Haken« am Oberkiefer, der nicht entfernt werden darf.
Ähnlich zu pflegende Art:
■ Dickkopfschildkröte, *Platysternon megacephalum* (→ Foto, links), Haltung wie Spenglers Erdschildkröte jedoch nur Aquarium mit Wassertemperaturen von 23 bis 24 °C.

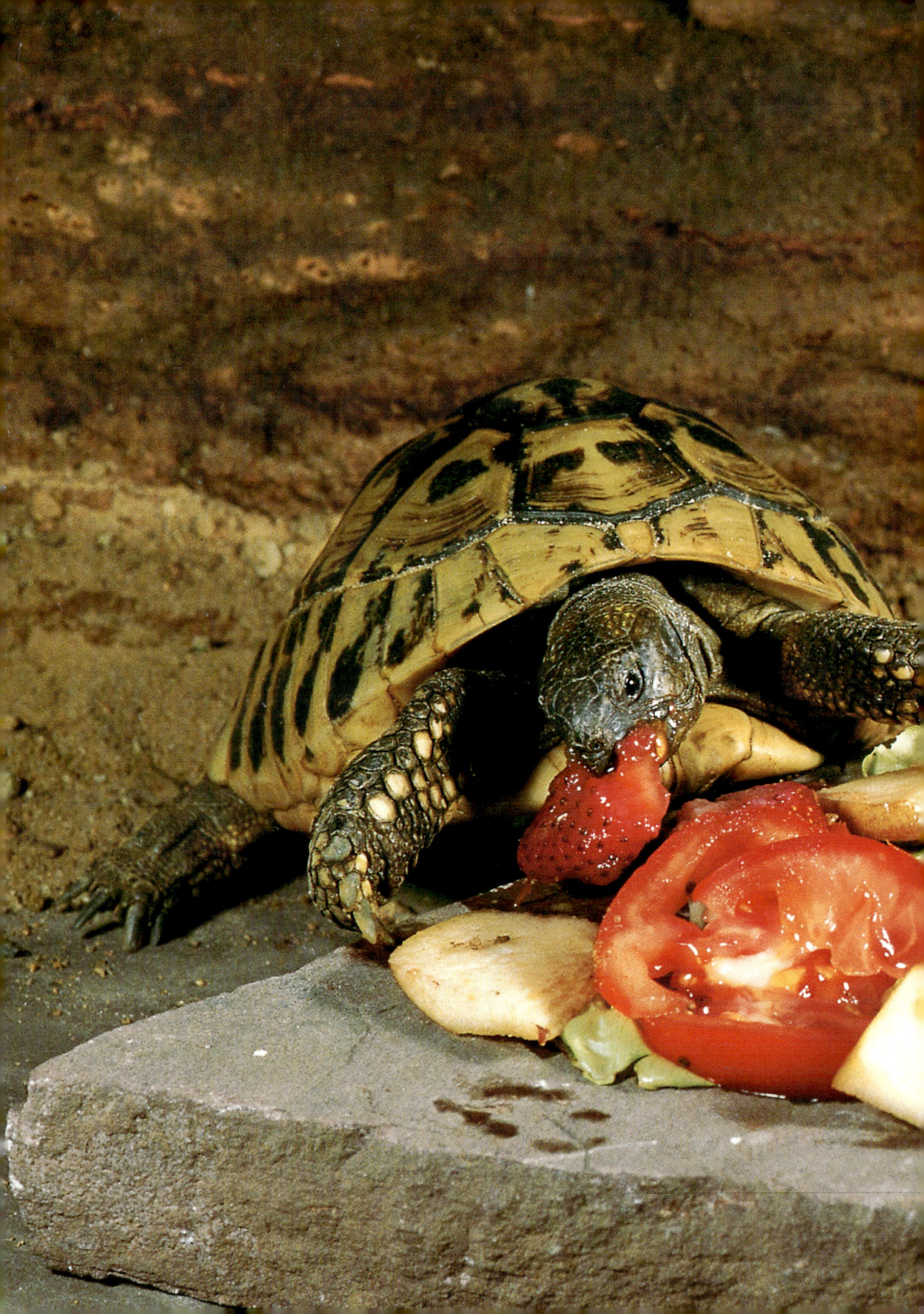

# Richtig halten und pflegen

Gesunde Schildkröten sind lebhaft, schnuppern neugierig an allem, was sie nicht kennen und kommen sogar herbei, um sich kraulen zu lassen. Was für ihr Wohlbefinden wichtig ist, erfahren Sie in den folgenden Kapiteln.

## 2 RICHTIG HALTEN UND PFLEGEN

# Was die Schildkröte alles braucht

Ganz entscheidend dafür, daß sich die Schildkröte bei Ihnen wohl fühlt und gesund bleibt, ist eine geeignete Unterbringung und die richtige Ausstattung.

### Terrarium für Landschildkröten

Ein gut eingerichtetes Landschildkröten-Terrarium muß folgendes bieten (→ Zeichnung, Seite 52):
■ Ein Versteck für die Nacht,
■ ein Badebecken mit 22 bis 24 °C warmem Wasser,
■ eine warme Sand-/Steinfläche von 24 bis 26 °C (tagsüber),
■ eine Sandfläche mit Zimmertemperatur (18 bis 22 °C),
■ eine Ecke mit feuchtem, unbeheiztem Sand.

Für Wärme sorgen fertige »Wärmesteine« (im Zoofachhandel erhältlich). Sie werden lediglich an die Steckdose angeschlossen. Achten Sie darauf, daß die Schildkröte das Kabel nicht ausgraben und zerbeißen kann (Kabel mit einer Steinplatte abdecken!). Die nötige Wärme läßt sich auch wie folgt erzeugen:
■ Zunächst eine Platte aus Preßkork, 1 bis 2 cm dick, über die Hälfte bis ein Drittel der Terrariengrundfläche auf den Terrarienboden legen.
■ Darauf 3 Lagen Alufolie in gleicher Größe mit der blanken Seite nach oben geben.

### TIP

Die Mindestgröße eines Terrariums für Landschildkröten können Sie so berechnen: Die Panzerlänge des erwachsenen Tieres z. B. 20 cm mit der Zahl 5 multiplizieren. Das Ergebnis ist im Beispiel 20 cm x 5 = 100 cm. Die Grundfläche beträgt 100 cm x 100 cm = 1 m² pro Schildkröte.

**Zum Klettern eignet sich ein morscher Ast hervorragend.**

## SCHILDKRÖTENPFLEGE AUF EINEN BLICK

## Unterschiede in der Haltung von Schildkröten

|  | **Unterbringung** | **Pflege der Unterkunft** | **Ernährung** | **Häufigster Pflegefehler** |
|---|---|---|---|---|
| **Land-schildkröte** | Landterrarium (trocken); im Garten auch Freilandterrarium; eventuell Überwinterungskiste. Gehegeeinrichtung einfach; technisches Zubehör notwendig (→ Seite 50). | Einfach. | Vorwiegend pflanzlich an Land. | Fußbodenhaltung, dadurch Augen- und Lungenentzündung. |
| **Sumpf-schildkröte** | Sumpfterrarium; im Garten auch Freilandterrarium mit Gartenteich; Gehegeeinrichtung anspruchsvoll; technisches Zubehör notwendig (→ Seite 53). | Einfach, aber häufiger Wasserwechsel. | Vorwiegend tierisch im Wasser/an Land. | Mangelnde Hygiene; dadurch Infektionen (Augen, Haut, Darm, Bauchpanzer). |
| **Wasser-schildkröte** | Aquarium; im Garten auch Freilandterrarium mit Gartenteich; Überwinterung im Aquarium; technisches Zubehör notwendig (→ Seite 55). | Aufwendig, da große Wassermengen zu wechseln sind. | Vorwiegend tierisch im Wasser. | Zugluft und zu kaltes Wasser; dadurch Augen- und Lungenentzündung. |

## RICHTIG HALTEN UND PFLEGEN

■ Auf die Alufolie eine elektrische Heizmatte mit Thermostat (im Zoofachhandel erhältlich) von etwa gleicher Größe legen. Die Heizmatte muß auch später das Wasserbecken von unten beheizen.

Terrarium einrichten:

■ Eine Fußbodenfliese aus gebranntem Ton (Terrakotta) auf die Heizmatte legen.

■ Neben die Fliese ein Badebecken aus Ton, Porzellan oder Metall stellen. Gut geeignet ist eine rechteckige Blumenschale aus Ton, in die auch noch die erwachsene Schildkröte bequem hineinpaßt. Der Rand muß so niedrig sein, daß auch kleine Schildkröten problemlos hinein und heraus können.

Hinweis: Junge Schildkröten können im Badebecken ertrinken. Für sie sollte der Wasserstand nicht höher als bis zur Panzermitte sein!

■ Nun den Terrarienboden mit einem Gemisch aus gewaschenem Flußsand feiner Körnung und gehäckselter Baumrinde auffüllen (im Verhältnis 1:1).

■ Wurzeln und Steine werden so angeordnet, daß sie die Schildkröte überklettern oder umlaufen muß. Schaffen Sie ihr auch ein Versteck.

**Terrarium für Landschildkröten. Die Glasabdeckung schützt vor Zugluft, darf aber das Terrarium nur zu zwei Dritteln bedecken. Der Spotstrahler sorgt für die nötige Wärme, die UV-Lampe für ein gesundes Knochenwachstum der Schildkröte.**

# TERRARIUM FÜR SUMPFSCHILDKRÖTEN

**Ein Trittstein gibt jungen Schildkröten Halt und Sicherheit.**

**Auch in Badebecken mit tiefem Wasserstand helfen Trittsteine Sumpfschildkröten beim Ein- und Aussteigen.**

**Sumpfschildkröten-Terrarium mit großem Badebecken. Die Glasabdeckung ist verschiebbar. So können Temperatur und Luftfeuchtigkeit geregelt werden.**

■ Ein Spotstrahler (60 bis 100 Watt) sorgt für eine künstliche »Sonne«. Wichtig ist, daß sich die Schildkröte unter dem Strahler auf Temperaturen über 30 °C erwärmen kann.

Sind Sie tagsüber nicht zu Hause, verbinden Sie den Spotstrahler mit einer elektrischen Zeitschaltuhr. So kann die Schildkröte über die Mittagszeit 4 bis 5 Stunden Sonnenwärme genießen.

■ Eine Bepflanzung ist nicht unbedingt nötig, sieht aber hübsch im Terrarium aus. Steht das Terrarium an einem dunklen Platz, müssen Sie eine spezielle Pflanzenlampe (»HQL-Leuchte« im Garten- oder Zoofachhandel erhältlich) installieren, damit die Pflanzen gedeihen. Wählen Sie robuste Pflanzen wie z. B. Aechmea-Arten oder Schefflera. Pflanzen am besten in Tontöpfe setzen und die Erde mit Steinen oder Wurzeln abdecken, um sie vor dem Anfressen zu schützen.

## Das Terrarium für Sumpfschildkröten

Sumpfschildkröten mögen einen interessant gestalteten Landteil und Schwimmraum zum ausgiebigen Baden und Tauchen (→ Zeichnung, Seite 52 unten). Wichtig für die Gestaltung ist, daß Sie wissen, welche Bedürfnisse Ihre Schildkröte hat (→ Seite 30 bis 47). Eine gute Schwimmerin braucht viel Schwimmraum. Für eine Schildkröte, die unter Wasser herumklettert, müssen Sie Kletterhilfen anbringen (→ Zeichnung, Seite 52 unten). Für eine Sumpfschildkröte, die sich vorwiegend an Land aufhält, muß der Landteil wenigstens 50 % der Grundfläche ausmachen.

Das Terrarium sollte unbedingt wasserdicht sein, deshalb ist es sinnvoll, gleich ein Aquarium anzuschaffen.

Die Größe des Terrariums errechnen Sie für eine einzelne Sumpfschildkröte ebenso wie im Tip auf Seite 50 angegeben.

Die Einrichtung des Terrariums enstpricht im technischen Aufbau des Landteils dem des Landschildkröten-Terrariums (→ ab Seite 50). Achten Sie für die Sumpfschildkröte aber auf folgende Besonderheiten:

■ Verwenden Sie besser zwei thermostatgesteuerte Bodenheizungen. Eine Matte zur Erwärmung des Wasserteils, die andere zur Erwärmung des Landteils. Für den Landteil

## 2 RICHTIG HALTEN UND PFLEGEN

bietet sich auch ein »Wärmestein« an (→ Seite 50).
■ Füllen Sie den Landteil mit einem Sand/Rindenhäckselgemisch auf, wie auf Seite 52 und 53 beschrieben.
■ Um das Badebecken einen Rand aus Natursteinplatten legen, damit das Wasser nicht so schnell verschmutzt wird. Diese Steine können gleichzeitig als von unten beheizter Wärmeplatz dienen.
■ Das Wasserbecken sollte je nach Anspruch Ihrer Schildkröte ein Drittel bis zur Hälfte der Grundfläche des Aquariums einnehmen. Gestalten Sie den Ein- und Ausstieg so, daß das Tier langsam ins Wasser gleiten kann (→ Zeichnung, Seite 53). An der tiefsten Stelle sollte das Wasser etwa so tief sein, daß es etwas mehr als der Panzerbreite der Schildkröte entspricht. Sie kann nämlich ertrinken, wenn sie auf den Rücken fällt und ein zu flacher Wasserstand sie daran hindert, sich wieder aufzurichten.
Eine große und tiefe Tonschale kann ich Ihnen als Wasserbecken für Sumpfkröten sehr empfehlen.
■ Als Wärmequelle dient ein Spotstrahler (60 bis 100 Watt).

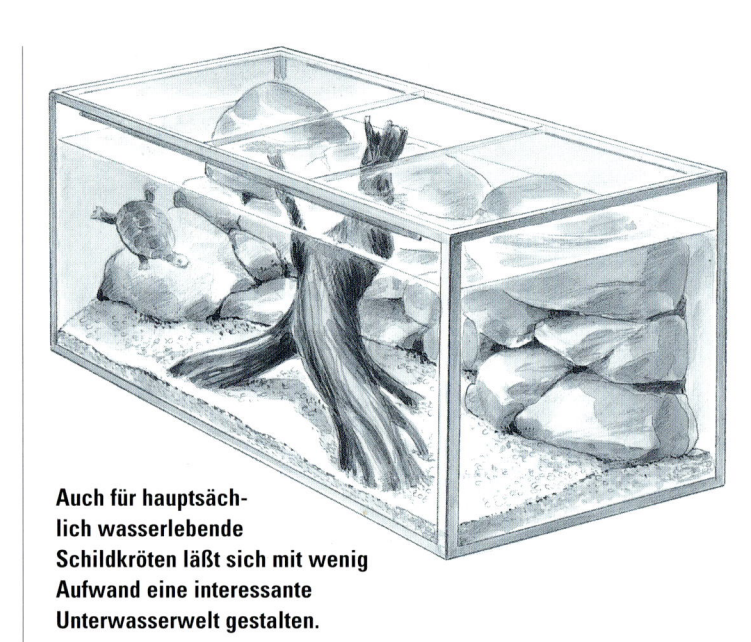

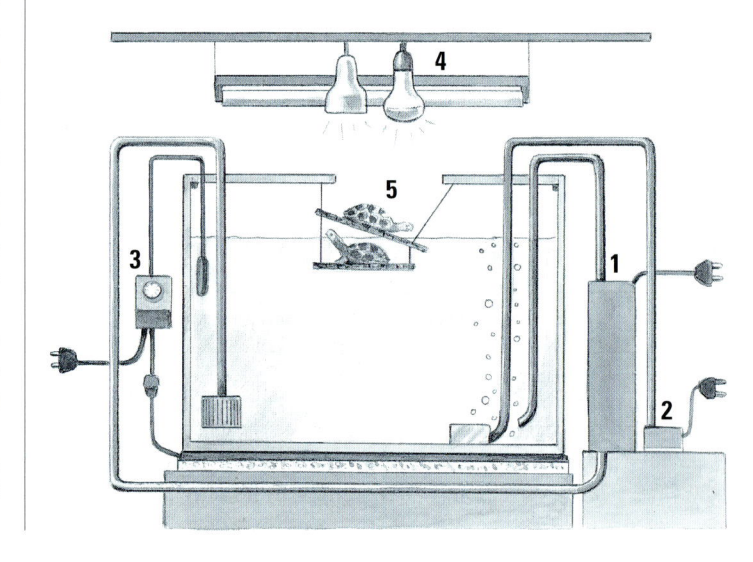

**Auch für hauptsächlich wasserlebende Schildkröten läßt sich mit wenig Aufwand eine interessante Unterwasserwelt gestalten.**

# AQUARIUM FÜR WASSERSCHILDKRÖTEN

**Sonneninsel in der ersten Etage, Versteck in der zweiten.**

**Technische Ausstattung eines Wasserschildkröten-Aquariums:** Filter mit integrierter Heizung (1), Luftpumpe (2), Zeitschaltuhr (3) für Heizmatte nur, wenn (1) fehlt, Beleuchtung (4) und Ruheinsel (5).

■ Eine Bepflanzung würde schnell der Freßgier des Tieres zum Opfer fallen. Deshalb Terrarium besser mit Sumpfpflanzen vor und hinter dem Aquarium dekorieren.

## Aquarium für Wasserschildkröten

Informieren Sie sich zunächst, ob Ihre Wasserschildkröte zu den guten oder zu den weniger begeisterten Schwimmerinnen gehört (→ Seite 37 bis 47). Gute Schwimmer wollen möglichst viel Schwimmraum zur Verfügung haben. Deshalb ist nicht nur die Grundfläche, sondern auch die Wasserhöhe des Aquariums wichtig.

Die Mindestgröße des Aquariums können Sie folgendermaßen berechnen: Die Länge des Aquariums ergibt sich aus der Panzerlänge der erwachsenen Schildkröte x 5. Die Breite errechnet sich aus der Panzerlänge x 3.

In dieser Berechnung ist keinerlei Dekoration enthalten. Schlagen Sie deshalb von vornherein etwa 30% des Aquarienvolumens dazu und nochmals 30%, wenn Sie eine zweite Schildkröte im Aquarium pflegen möchten.

Die Einrichtung des Aquariums ist einfach, wenn Sie sich mit einer Minimallösung begnügen (→ Zeichnungen, Seite 54 und 55).

■ Eine dünne Schicht gewaschenen Sandes bedeckt den Glasboden, damit er nicht spiegelt.

■ Ein Firstziegelbruchstück am Boden dient als Versteck, ein Moorkienholzast unter Wasser als Kletterhilfe und über Wasser als Sonneninsel.

■ Wenn Sie eine Felswand aus Natursteinplatten an der Rückwand des Aquariums aufbauen, entsteht ein Schmuckstück für jedes Zimmer. Außerdem können schlechte Schwimmer an der Felswand emporklettern. PU-Montageschaum oder Fertigzement erhöhen den Zusammenhalt der Steinplatten. Lassen Sie einen schmalen Spalt von 3 bis 5 cm zwischen Fels- und Rückwand. So haben sie später jederzeit die Möglichkeit, den sich ansammelnden Schmutz durch Absaugen mittels einem Schlauch zu entfernen. Am besten stellen Sie vor der Montage eine Styroporplatte zwischen Fels- und Rückwand und entfernen sie hinterher.

**Achtung:** Jungtiere dürfen nicht in diese Spalte gelangen. Sie könnten darin stecken-

## RICHTIG HALTEN UND PFLEGEN

bleiben und ertrinken. Verschließen Sie den Spalt mit einem Streifen Styropor, (beim Reinigen entfernen!).
■ Die bequemste Art das Aquarienwasser zu heizen und gleichzeitig zu filtern ist ein pumpenbetriebener Filter, in dessen Innerem ein thermostatgesteuertes Heizsystem angebracht ist (im Zoofachhandel erhältlich). Achten Sie bei der Auswahl der Filterleistung darauf, ob Ihre Schildkröte eher ruhiges Wasser oder strömungsreiches Wasser liebt (→ Seite 37 bis 47). Davon muß die Förderleistung der Pumpe abhängig gemacht werden. Je mehr Wasser die Pumpe pro Minute fördert, umso stärker sind die Strömungen und Turbulenzen im Aquarium.
**Hinweis:** Eine Belüftung des Aquarienwassers ist bei gleichzeitiger Umwälzung durch eine

**Vierzehen-Landschildkröten können heiße Sommer in langen selbstgegrabenen Erdgängen verbringen.**

## DER RICHTIGE STANDORT FÜR TERRARIUM UND AQUARIUM

### TIP

Für alle strömungsliebenden Schildkröten gilt folgende Faustregel für die richtige Pumpe: Sie sollte das Wasser im Aquarium in 10 bis 15 Minuten umwälzen. Die Förderleistung läßt nach, je tiefer sie unter dem Aquarium angebracht ist, also je höher das Wasser gepumpt werden muß.

Ein Blumentopfuntersetzer reicht für diese kleine Landschildkröte zum Baden aus.

Filterpumpe nicht nötig. Jedoch kann ein Lüfterstein, im Bodengrund versenkt, dafür sorgen, daß Mulm im Aquarium aufgewirbelt und gefiltert wird.

■ Sumpf- und Wasserschildkröten lieben Ruheplätze zum Sonnen dicht unter und an der Wasseroberfläche. Besorgen Sie sich zwei Plexiglasscheiben und leimen Sie mit Zweikomponentenkleber jeweils eine etwa 1 cm dicke Korkplatte darauf. Verbinden Sie die Platten an allen vier Enden mit extra starkem Draht zu zwei Etagen (→ Zeichnung, Seite 55). Der Draht muß in sich steif sein, damit die Insel nicht schaukelt. Befestigen Sie den Ruheplatz an einer Halterung, z. B. dem Rand oder dem Quersteg des Aquariums.
Die untere Etage wird waagrecht unter Wasser nur so tief angebracht, daß die Schildkröte mit gerecktem Hals Luft holen kann.

Die obere Etage, nach Möglichkeit seitlich versetzt, ist schräg anzubringen, so daß sie von der Schildkröte leicht bestiegen werden kann.

■ Vor Zugluft schützt eine Glasabdeckung. Sie wird so angebracht, daß in der Mitte, wo die Sonneninsel hängt, eine Öffnung bleibt.

■ Über der Öffnung müssen je ein Spot- und UV-Strahler (»Ultra-Vita-Lux« von Osram) aufgehängt werden.

### Der richtige Platz für Terrarium und Aquarium

Ideal ist ein Standort unter einem Glasdach wie z. B. in einem Wintergarten. Hier bekommt die Schildkröte die unterschiedlichen Tageslängen der jeweiligen Jahreszeiten mit. Dies hat einen wesentlichen Einfluß auf die Einstimmung zur Winterruhe (→ Seite 65) bzw. die Fortpflanzung (→ Seite 86). Räume mit großen Fenstern sind ebenfalls bestens geeignet.

Ungünstig kann sich ein Standort ohne Tageslicht auswirken, wenn es nicht durch ausreichende Beleuchtung ersetzt wird.

Vorsicht bei Zugluft. Sie schadet der Gesundheit aller Schildkröten. Ebenso gefährlich ist

## RICHTIG HALTEN UND PFLEGEN

ein Platz für das Terrarium oder Aquarium direkt auf der Fensterbank. Im Winter kühlt die Fensterfläche so ab, daß kalte Luft nach unten gleitet und die Schildkröte krank macht. Lassen Sie Ihre Schildkröte niemals über den Fußboden laufen. Selbst in Räumen mit Fußbodenheizung kann es durch die Luftzirkulation zu Zugluft kommen.

**Hinweis:** Achten Sie darauf, daß sich keine Schwingungen auf das Terrarium oder Aquarium, z. B. durch Stereoanlage, Kühlschrank oder Aquarienpumpe, übertragen. Das versetzt die Schildkröte in Unruhe.

### Quarantäne ist wichtig!

Bevor Sie eine neu erworbene Schildkröte in ihr eigentliches Terrarium/Aquarium setzen oder Artgenossen dazugesellen, sollten Sie sie zunächst in Quarantäne schicken. Zu groß ist sonst die Gefahr, daß sie Krankheiten einschleppt bzw. krankmachende Keime und Wurmeier im Großterrarium bzw. Aquarium verbreitet (→ Seite 78).

Für ein Quarantäneterrarium haben sich Kunststoff-Mörtelwannen (aus dem Baumarkt), die zwischen 50 bis 250 Liter fassen, gut bewährt.

Für Landschildkröten besteht die Ausstattung lediglich aus Zeitungspapier, das auf den Boden gelegt wird, einem Versteck, das z. B. aus einem Brett besteht, unter das zwei Ziegelsteine gelegt werden, und einem Futter- und Wassernapf. Für Sumpfschildkröten wird das Quarantäneterrarium genauso spartanisch ausgestattet, jedoch brauchen diese Tiere eine entsprechend große Badeschale.

**Hinweis:** Als improvisierte Wärmequelle genügt in einem Quarantäneterrarium eine 60-Watt Glühlampe, die dicht über dem Terrarium angebracht wird.

Für Wasserschildkröten ein Stück Firstziegel als Versteck auf den Boden legen und soviel Wasser einfüllen, daß der Ziegelrücken als Insel aus dem Wasser ragt. Selbstverständlich muß das technische Zubehör an das Quarantäneaquarium angeschlossen werden (→ Seite 55).

### Freianlage für Landschildkröten

Wenn es den Schildkröten an Licht, Sonne und Vitaminen fehlt, können sie an Rachitis erkranken. Ihr Panzer läßt sich dann durch Druck verformen.

**Die Vogeltränke ist ein idealer Badeplatz für diese Griechische Landschildkröte.**

FREIANLAGE FÜR LANDSCHILDKRÖTEN

## RICHTIG HALTEN UND PFLEGEN

Eine gute vorbeugende Maßnahme ist die Haltung der Schildkröte in einer Freianlage von Juni bis August. Wenn Sie dem Tier ein Frühbeet mit einer zusätzlichen Wärmequelle (→ Seite 61) zur Verfügung stellen, können Sie es bereits im Mai und auch noch im September in der Freianlage pflegen (→ Zeichnung unten).

Größe der Freianlage: Sie sollte mindesten 1,20 m lang und 3 m breit sei.

Umfriedung: Zementplatten, Rasenkantensteine, glatte Holzbohlen oder Wellkunststoff (aus dem Gartenfachhandel) in den Boden vergraben. Achten Sie darauf, daß die Schildkröte nicht mit den Vorderfüßen die Oberkante der Umfriedung erreichen kann, sonst klettert sie heraus.

Gehegeboden: Etwa 30 cm tief ausschachten; der Boden muß ein Gefälle von etwa 5 cm pro Meter aufweisen. Dabei Hügel stehenlassen, die das Tier vor Hochwasser schützen und ihm als Sonnenplatz dienen.

Bepflanzung: Auf dem Gehegeboden Gras und Kräuter einsäen (Löwenzahn, Vogelmiere) und niedriges Buschwerk (Buchsbaum) pflanzen Steine und Wurzeln dienen zur Dekoration, sollten jedoch keine »Ausstiegshilfen« darstellen.

**Traumurlaub für Landschildkröten von Juni bis August in einer Garten-Freianlage.**

# FREIANLAGE FÜR LANDSCHILDKRÖTEN

**Die Freianlage für Sumpf- und Wasserschildkröten bietet den Tieren natürliche Lebensbedingungen.**

Frühbeet: Am hohen Ende der Anlage, an sonniger Stelle, errichten Sie als Schutzhaus ein Frühbeet mit Plexiglasscheiben. Es speichert durch den »Treibhauseffekt« auch bei längeren Schlechtwetterperioden genügend Wärme. Einlaß gewährt eine torförmige Öffnung, die Sie mit einer Laubsäge aus dem Glas leicht selbst heraussägen können.

Hinweis: Frühbeete sind montagefertig im Gartenfachhandel erhältlich. Die Plexiglasscheiben muß der Glaser anfertigen. Sie lassen sich problemlos in die Profile des Frühbeetes einstecken.

Den Fußboden des Schutzhauses fertigen Sie am besten aus Zementplatten (guter Wärmespeicher!).

Wärmequelle: Für kalte Tage, bei denen die Temperatur im Häuschen 26°C nicht erreicht, installieren Sie eine Rotlichtlampe, ersatzweise auch eine 60 bis 80 Watt Glühlampe, die von der Decke hängen kann.

Futterplatz: Eine Steinplatte vor dem Frühbeet dient als »Frühstücksbrett« und erleichtert die Reinigung des Geheges von Futterresten. Die Steinplatte sollte im Schatten liegen, damit frisches Futter nicht zu rasch in der Sonne welkt.

Badegelegenheit: Am tiefen Ende des Gehegebodens installieren Sie ein Badebecken mit Überlauf, damit Regenwasser aus dem Gehege ablaufen kann. Gut als Bade-

## RICHTIG HALTEN UND PFLEGEN

becken geeignet sind die handelsüblichen Vogeltränken (aus Zement oder Kunststoff im Gartenfachgeschäft oder im Zoofachhandel erhältlich). Auch hier gilt die Regel wie für das Terrarium: Die Schildkröte muß bequem mit gerecktem Kopf an der tiefsten Stelle der Tränke Luft holen können. In der Tränke selbst sollten Steine oder Wurzeln liegen, damit sich ein auf dem Rücken liegendes Tier an ihnen aufrichten kann.

Abdeckung: Schildkröten, die weniger als 10 cm groß sind, können leicht Krähen, Elstern oder auch Mardern zum Opfer fallen. Eine Gehegeabdeckung aus Draht oder ein Vogelschutznetz schützen die Schildkröte.

### Freianlage für Wasserschildkröten

Viele Sumpf- und Wasserschildkröten können von Juni bis August im Gartenteich gehalten werden (→ Zeichnung, Seite 61). Der Teich sollte mindestens 300 l Fassungsvermögen haben. Für Becken ab dieser Größe bis etwa 1,5 Kubikmeter empfiehlt sich ein Garten-Fertigteich (im Fachhandel erhältlich). Ein Fertigteich sollte mit einer leichten Schräge eingebaut werden. Auf der tieferstehenden Seite kann dann überschüssiges Wasser in die gewünschte Richtung ablaufen (eventuell Sickergrube anlegen!). Bei größeren Teichen können Sie auch einen Folienteich in Betracht ziehen. Als Kletterhilfe und zum Sonnen dient ein dicker quergelegter Baumstamm, den die Schildkröte vom Wasser aus erklettern kann.

Als Bepflanzung sind bestenfalls Schilf- und Rohrkolben geeignet. Alles andere wird gefressen, ebenso wie kleine Fische, Molche und Insektenlarven.

Filterung: Teiche bis 1,5 Kubikmeter Inhalt müssen, größere können gefiltert werden. Hierzu versenken sie eine einfache Tauchpumpe (im Garten- und Zoofachhandel erhältlich) am Teichboden.

Neben den Teich stellen Sie einen »Teich-Außenfilter« (Garten- und Zoofachhandel). Die Umfriedung besteht aus glattgehobelten und imprägnierten Brettern oder Rasenkantensteinen aus Beton, Metalltafeln oder Wellkunststoff (im Gartenfachhandel).

Es genügt, wenn die Umfriedung 50 bis 60 cm hoch ist

**Sommerfrische auf dem Balkon.** Links für die Landschildkröte, rechts für die Sumpfschildkröte.

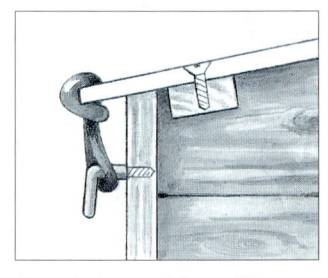

**Sturmhaken und Gummilitze** sichern die Abdeckung des Freigeheges auf dem Balkon gegen starken Sturm.

## FREIANLAGE AUF BALKON UND TERRASSE

und etwa 20 bis 30 cm tief eingegraben wird.
<u>Abdeckung:</u> Um kleine Schildkröten vor Katzen, Krähen oder Elstern und in Küstennähe auch vor Möwen zu schützen, sollten Sie die Anlage mit einem Vogelschutznetz oder mit einem Fischernetz überspannen.

### Miniteich auf Balkon und Terrasse

Auf Balkon oder Terrasse läßt sich eine schöne Freianlage für Wasserschildkröten gestalten (→ Zeichnungen links).
■ Fertigen Sie dazu eine Kiste aus Kanthölzern und Fichtenholzbrettern mit den Maßen 1,60 m bis 2 m Länge, etwa 60 cm Breite, 80 bis 100 cm Höhe.
Damit die Kiste nicht durchfault, sollten Sie sie mit einer Teichfolie glatt ausschlagen und diese an den Kanten wasserdicht verkleben.
■ Als Deckel dienen zwei Plexiglasscheiben, die auf einen Rahmen aus Dachlatten verschraubt werden. Lassen Sie die Plexiglasplatte an der Vorderkante etwas überstehen (»Tropfkante«). Die Kiste sollte vorne 10 bis 15 cm niedriger sein als hinten, so daß die heruntergeklappten Glasscheiben schräg aufliegen. Auf diese Weise wird mehr Sonne eingefangen und der Regen kann besser ablaufen.
■ Als Teiche verwenden Sie, je nach Anzahl der Schildkröten, 1 bis 2 Mörtelwannen aus dem Baustoffhandel oder Fertigteichwannen.
■ Füllen Sie den Boden der Kiste 20 bis 30 cm hoch mit Blähton (Gartenfachhandel) auf. Ersatzweise können Sie auch Sand verwenden.
■ Setzen Sie den Teich auf die Blähtonschicht. Achten Sie darauf, daß der Teich etwa 30 cm unterhalb des Kistenrands endet, damit die Schildkröte nicht herausklettern kann.
■ Füllen Sie bis zum Rand des Teiches Gartenerde auf.
■ Bepflanzen und dekorieren Sie die »Seenlandschaft« nach eigenem Geschmack.
■ Sichern Sie Ihren Balkon so, daß die Schildkröte nicht abstürzen kann.
Hinweis: Für Landschildkröten ersetzen Sie den Teich durch eine Vogeltränke.

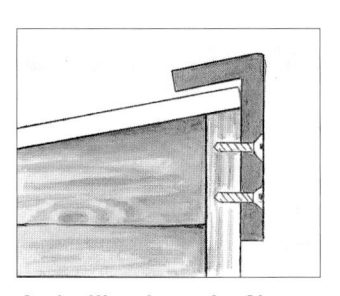

**An der Hinterkante der Abdeckung muß ein Widerlager in Form eines Metallwinkels befestigt werden.**

## RICHTIG HALTEN UND PFLEGEN

# Gute Pflege hält die Schildkröte gesund

Zur Schildkrötenpflege gehören nicht nur kosmetische Maßnahmen wie etwa das Beschneiden zu langer Krallen, sondern auch die Vorbereitung der Schildkröte auf die Winterruhe. Ganz wichtig für die Gesundheit Ihrer Schildkröte ist natürlich auch das einwandfreie Funktionieren der Technik im Terrarium bzw. Aquarium.

### Schildkröten-Kosmetik

Zu lange Krallen bekommt die Schildkröte dann, wenn sie sich zu wenig bewegt und/oder der Untergrund zu weich ist. Die Krallen können sich nicht abschleifen. Bei Landschildkröten bewirkt zuviel tierisches Eiweiß im Futter übermäßiges Krallenwachstum. Die langen Krallen behindern die Schildkröte bei der Fortbewegung und müssen mit einer Krallenzange gekürzt werden (→ Zeichnung, Seite 66). Für zierliche Krallen gibt es im Sanitätsfachhandel besondere Zangen. Lassen Sie sich das Krallenschneiden am besten vom Tierarzt zeigen.

**Willig streckt die Strahlenschildkröte den Hals vor, um sich kraulen zu lassen.**

# WINTERRUHE UND SOMMERRUHE

**Im Freiland können sich Zecken in den Hautfalten der Schildkröte festsetzen. Mit einer Zeckenzange lassen sich die Parasiten leicht entfernen.**

**Eine Pinzette ist nützlich zum Entfernen von Splittern oder Hautresten.**

**Das Krallenschneiden mit Hilfe einer Nagelzange sollten Sie sich vom Tierarzt zeigen lassen.**

**Hinweis:** Die Männchen einiger Sumpfschildkröten, z.B. der Zierschildkröte, tragen von Natur aus längere Krallen an den Vorderfüßen, die nicht beschnitten werden dürfen.
<u>Zu lange Hornscheiden</u> am Mundrand bilden sich durch zu weiche Nahrung. Bei Landschildkröten auch durch zuviel Eiweiß in der Nahrung. Die Hornscheiden müssen vom Tierarzt abgefeilt werden (→ Zeichnung, Seite 66). Vorbeugend wirkt härteres Futter sowie Sepiaschalen oder Kalkstein zum Benagen.

**Hinweis:** Beispielsweise die Bunte Erdschildkröte hat von Natur aus am Oberkiefer einen »Haken«, der ihr als Kletterhilfe dient. Er darf keinesfalls eingekürzt werden.
<u>Panzerkosmetik</u> ist eigentlich unnötig, doch Sie können den Panzer alle 3 bis 4 Monate hauchdünn mit Vaseline-Creme oder »Huffett« einreiben. Anschließend den Panzer vorsichtig mit einem weichen Tuch trockenreiben.

## Winterruhe

Um gesund zu bleiben, brauchen viele Schildkrötenarten auch als Heimtier die Möglichkeit eine Winterruhe zu halten (→ ab Seite 30). Ob Ihre Schildkröte zur Überwinterung bereit ist, erkennen Sie an ihrem Verhalten. Sowohl Land- wie auch Wasserschildkröten werden im Oktober, mit Abnahme der Tageslänge und der Lichtstärke, träger. Sie haben nur wenig Appetit oder stellen die Nahrungsaufnahme völlig ein.

**Hinweis:** Schildkröten brauchen bereits im ersten Lebensjahr eine Winterruhe. Prüfen Sie jedoch alle 5 bis 6 Wochen das Gewicht des Tieres. Sollte es von einer Gewichtskontrolle zur anderen mehr als 10 % abnehmen, ist das Tier krank und muß vorzeitig aufgeweckt werden.

## Sommerruhe

Die Russische Landschildkröte legt in ihrer Heimat in besonders trockenen und heißen Sommern eine Sommerruhe ein (→ Seite 33). Wird sie als Heimtier im Freiland gehalten, kann sie dasselbe Bedürfnis verspüren. Sie verhält sich dann ebenso wie Schildkröten vor der Winterruhe.

## Die Überwinterung der Landschildkröte

Vor der Winterruhe muß die Schildkröte über eine Woche hinweg täglich in 24 bis 26 °C

## RICHTIG HALTEN UND PFLEGEN

warmem Wasser 10 bis 20 Minuten gebadet werden, damit sie ihren Darm völlig entleeren kann. Währenddessen darf sie kein Futter bekommen. Danach für 2 bis 3 Tage Heizung und Beleuchtung im Terrarium ausschalten. Die Zimmertemperatur sollte unter 18 °C liegen. Verhält sich das Tier wie auf Seite 65 beschrieben, wird es in die Überwinterungskiste gesetzt.

Die Überwinterungskiste hat einen Grundriß von 70 x 70 cm und ist 80 cm hoch (→ Zeichnung, Seite 67). Sie besteht aus »nachlässig« gezimmerten Brettern, so daß Luft in das Innere dringen kann. Füllen Sie den Boden der Kiste etwa 10 bis 20 cm hoch mit feuchter Lavaschlacke oder »Blähton« (Gartenfachhandel) auf. Darauf kommt eine 10 cm hohe Schicht feuchte Wald- oder Gartenerde. Füllen Sie nun bis etwa 10 cm unter den Kistenrand fast trockenes, aber nicht dürres Torfmoos und Laub. Setzen Sie die Schildkröte darauf. Sie gräbt sich selbst in die unteren Schichten ein. Zum Schluß Kiste mit Maschendraht abdecken.

Die Raumtemperatur kann zwischen 0 °C und 12 °C schwanken, darf jedoch nicht mehr als eine Woche lang über 12 °C betragen, sonst wacht das Tier vorzeitig auf.

**Hinweis:** Während der Winterruhe darf nicht gefüttert werden. Regelmäßige Gewichtskontrollen stören das Tier nicht. Achten Sie darauf, daß die Schichten in der Kiste nicht zu trocken werden. Feuchtigkeit schützt das Tier vor dem Austrocknen. Gegebenenfalls wenig Wasser in einer Ecke auf Höhe der Gartenerde nachgießen.

Das Aufwachen geschieht nach 4 bis 5 Monaten. Holen Sie das Tier aus seiner Überwinterungskiste und setzen Sie es in seinen Unterschlupf im Quarantäneterrarium (→ Seite 58). Stellen Sie das Terrarium in einen 20 bis 22 °C warmen Raum und warten Sie, bis das Tier aus seinem Versteck herauskommt. Jetzt wird die Schildkröte in 24 bis 26 °C warmem Wasser (mit 1 EL Salz auf 1/2 l Wasser) gebadet. Nachdem sie getrunken hat, setzen Sie sie in ihr Terrarium.

### Wasser- und Sumpfschildkröten überwintern

Die meisten Sumpf- und Wasserschildkröten überwintern in der Natur am Grunde von

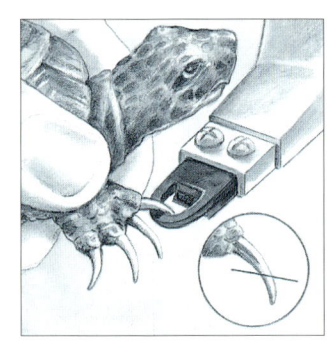

**Spezielle Krallenzange zum Einkürzen zu langer Krallen.**

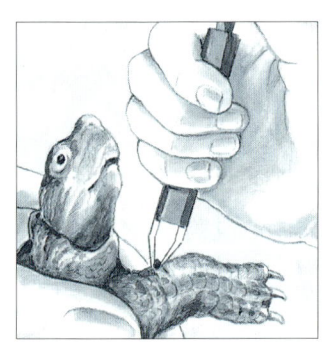

**Mit einer Zeckenzange lassen sich die Parasiten entfernen.**

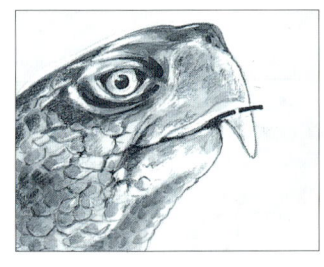

**»Schnabelhaken« muß der Tierarzt einkürzen.**

# SUMPF- UND WASSERSCHILDKRÖTEN ÜBERWINTERN

**Überwinterungskiste für Landschildkröten.** Unten eine Schicht Lavaschlacke oder Blähton, in der Mitte Wald- oder Gartenerde, oben eine Schicht Torfmoos und Laub.

**Sumpfschildkröten überwintern gern bei niedrigem Wasserstand in einer Schicht Schaumstoffwürfel.**

Gewässern (→ Seite 30 bis 47).

Zur Überwinterung eignet sich eine Mörtelwanne aus schwarzem Kunststoff am besten (→ Seite 58).

Als Versteck dient kleineren Schildkröten ein Firstziegel, größeren bietet man den »Höhleneffekt« dadurch, daß man die Wanne mit einem Brett zu einem Drittel abdeckt und so von oben abdunkelt.

Der Wasserstand sollte nur so hoch sein, daß das am Boden sitzende Tier durch Vorrecken des Halses Luft holen kann.

Die Wassertemperatur darf zwischen 1 °C und 12 °C schwanken, sollte auf Dauer jedoch nicht mehr als 12 °C betragen, da die Schildkröte sonst vorzeitig aufwacht.

Ein Wasserwechsel ist etwa alle 3 bis 4 Wochen erforderlich. Sofort nötig wird ein Wasserwechsel, wenn sich das Wasser gelblich verfärbt oder sich eine weißliche Haut auf dem Wasser bildet.

**Hinweis:** Belüftung und Filterung sind im Überwinterungsquartier nicht notwendig. Während der Winterruhe darf nicht gefüttert werden.

Im Kühlschrank können Sie Ihrer Wasser- oder Sumpfschildkröte ein Notquartier zum Überwintern einrichten, wenn Sie keinen geeigneten Kellerraum haben. Dazu die Glasplatte über dem Gemüsefach mit einer lichtundurchlässigen Folie abdecken. Das Gemüsefach selbst dient als Überwinterungsbehälter und wird ebenso eingerichtet wie auf dieser Seite für die Mörtelwanne beschrieben. Nur den Firstziegel können Sie weglassen.

**Hinweis:** Probieren Sie aus, ob sich Ihre Schildkröte in einem künstlichen Mulmbett wohlfühlt. Schneiden Sie dazu einen Schaumstoffschwamm in Würfel und füllen Sie damit den Boden der Wanne oder des Gemüsefachs locker auf. So hat das Tier das Gefühl, »eingegraben« zu sein.

## RICHTIG HALTEN UND PFLEGEN

**Achtung:** Amerikanische Sumpfschildkröten sollten keinesfalls im Gartenteich überwintert werden. Dazu sind unsere Winter zu lang. Die Gefahr eines gesundheitlichen Schadens ist immens.
Beenden Sie die Winterruhe Ihrer Wasser- oder Sumpfschildkröte nach spätestens 4 Monaten, indem Sie ihr Wasserbett in einen 22 °C warmen Raum stellen und warten, bis das Wasser Zimmertemperatur hat.

Dann wird das Tier im gleichwarmen Wasser des Sumpfterrariums oder Aquariums weiter gepflegt. Heizung und Beleuchtung sind jetzt wieder voll in Betrieb. Nach weiteren 5 bis 7 Tagen wird die Schildkröte wieder ein normal aktives Verhalten zeigen.

### Pflege des Zubehörs

Elektrokabel: Sie können an Strahlern durch übermäßige Hitzeeinwirkung brüchig werden oder anschmelzen. Gege-

**Das Trommelfell der Schildkröte sitzt unter der dunklen Hautfläche hinter dem Auge.**

## PFLEGE DES ZUBEHÖRS

**Muß man Schildkröten während der Winterruhe füttern?**

Viele Land- und Wasserschildkröten werden im Oktober sehr müde. Sie fallen in eine schlafähnliche Ruhe, die mehr als vier Monate dauert. Sie tun dies, um in der Natur den harten Winter zu überstehen. Im Winter gibt es wenig Futter und bei kalten Temperaturen kann die Schildkröte nicht genügend Wärme in ihrem Körper speichern. Die Landschildkröte vergräbt sich unter Steinen und Baumwurzeln. Die Wasserschildkröte vergräbt sich im Schlamm auf dem Grund des Sees oder Flusses, in dem sie lebt. Während der Winterruhe essen und trinken Schildkröten nichts. Sie leben von ihren Energievorräten, die sie sich von Frühjahr bis Herbst angefressen haben. Hungern müssen sie deshalb jedoch nicht. Ihr Herz schlägt während des Winterschlafs sehr langsam, sie atmen nicht so rasch wie sonst und sie bewegen sich fast nicht. Dadurch verbrauchen sie so gut wie keine Energie. Ihre Reserven genügen, um zu überleben. Eine gesunde Schildkröte muß auch als Heimtier während der Winterruhe nicht gefüttert werden. Nimmt eine junge Schildkröte aber während der Winterruhe stark ab, muß der Tierarzt prüfen, ob sie gesund ist. Vorher muß die Schildkröte aufgeweckt werden.

benenfalls austauschen (Sicherheitsmaßnahmen bei stromführenden Kabeln beachten!).
<u>Filterpumpe und Filtergehäuse:</u> Hartes Wasser kann Verkalkungen verursachen, die Sie am besten mit einem Entkalkungsmittel beseitigen. Unansehnlich gewordene Schläuche etc. werden abmontiert und in einen Eimer mit kalklösendem Mittel (Ameisensäure) gelegt.
Moderne Pumpen in Aquarienfiltern sind meistens wartungsfrei. Wichtig dagegen ist die Wartung des wasserführenden Pumpenteils. Durch stark verschmutztes Wasser kann sich hier Schlamm ansammeln, der die Lager des Schaufelrades blockiert. Deshalb Schlammreste regelmäßig entfernen.
<u>Verschraubungen:</u> Schlauchanschlüsse etc. können sich im Laufe der Zeit lockern. Deshalb Anschlüsse regelmäßig überprüfen.
<u>Luftpumpe:</u> Verschmutztes Filtermaterial (Watte, Schaumstoff) auswechseln bzw. in warmem Wasser auswaschen. Nach dem Trocknen ist es wieder verwendbar.

## RICHTIG HALTEN UND PFLEGEN

# Abwechslungreiche Ernährung ist wichtig

Die beste Vorbeugung gegen Krankheiten ist eine gesunde, abwechslungsreiche Ernährung. Darauf sollten Sie unbedingt achten, denn Schildkröten entwickeln leicht Vorlieben für ein bestimmtes Futter. Einseitige Kost schadet jedoch der Gesundheit der Schildkröte.

### Landschildkröten mögen Pflanzenkost

In der Natur ist der Tisch für Landschildkröten reichlich gedeckt. Hier wachsen Gräser, Kräuter, Sträucher mit den vielfältigsten Blättern, Blüten und Früchten. An den Pflanzen sitzen Insekten, Raupen und Schnecken, die den sehr geringen Bedarf an tierischem Eiweiß decken.

Als Heimtier bieten Sie Ihrer Schildkröte am besten all das an, was Sie auf einer Blumenwiese oder im Garten an Kräutern finden: Blüten von Löwenzahn und Gänseblümchen, Vogelmiere, Klee, Gras (im Herbst auch Heu, immer in Verbindung mit Trinkwasser), Kräuter und Knollen bzw. Wurzeln von Mohrrüben, Kohlrabi und anderen Gemüsesorten. Auch im Freiland gezogene Salate, z.B. Feldsalat, sind empfehlenswert.

Achtung: Kräuter und Salat dürfen nicht mit Unkraut- oder Insektenvertilgungsmitteln gespritzt worden sein. Verfüttern Sie keine Giftpflanzen.

Das Gewöhnen an abwechslungsreiche Kost ist bei Schildkröten allerdings nicht ganz einfach. Wenn ihnen etwas schmeckt, bevorzugen sie meist nur dieses Futter, verschmähen aber die gesunde Beikost. Überlisten Sie die Schildkröte, indem Sie ihr die Beikost – fein geschnitten – unter ihre favorisierte Nahrung mischen.

Hinweis: In Milch eingeweichtes Weißbrot oder Milchreis verspeisen Schildkröten mit Vorliebe. Doch solch eine Ernährung entspricht nicht den Bedürfnissen des Tieres und macht es krank.

Auch sehr süßes Obst kann gesundheitsschädlich sein, da es im Darm gärt und die Vermehrung von Parasiten fördert.

### Fleischkost für Sumpf- und Wasserschildkröten

Sumpf- und Wasserschildkröten sind Gemischtköstler, nehmen also sowohl pflanzliche als auch tierische Kost an. In der Regel bevorzugen sie

### TIP

Füttern Sie Ihre Landschildkröte nicht nur mit Obst, Tomaten und Gurken. Für eine gute Verdauung sorgen vor allem rohfaserreiche Ballaststoffe. Sie sind in Gräsern und Heu vorhanden und sollten immer den Hauptbestandteil der Nahrung ausmachen.

Durch monatliche Gewichtskontrollen können Sie feststellen, ob Ihre Schildkröte sich gesund entwickelt.

## GESUNDE ERNÄHRUNG

**Blüten aller Art – wie hier eine Hibiskusblüte – bereichern den Speiseplan der Landschildkröte.**

aber fleischliche Nahrung. Manche Arten ernähren sich als Jungtiere völlig fleischlich (z.B. die Rotwangenschmuckschildkröten) und steigern mit zunehmendem Wachstum den Anteil an pflanzlicher Beikost. Zur Grundernährung eignen sich fettfreies Rinderhack, kleine Aquarienfische (Guppys) oder Filetstreifen von Süßwasserfischen wie z.B. Forellen. Tiefgefrorene Fische müssen vor dem Verfüttern aufgetaut und auf die Wassertemperatur des Aquariums gebracht werden. Um immer einen frischen Fleischvorrat für Ihre Schildkröte zu haben, sollten Sie Wasserschnecken in einem kleinen Aquarium züchten (Zuchtansatz im Zoofachgeschäft erhältlich).

Wenn Sie längere Zeit von zu Hause abwesend sind, ist es für den Pfleger einfacher, die

## RICHTIG HALTEN UND PFLEGEN

Schildkröte in dieser Zeit mit Katzen-Trockenfutter zu füttern. Es ist preiswert, enthält Kalk-, Vitamine und Fischfleisch – also genau das, was eine Sumpf- und Wasserschildkröte braucht. Leider enthalten die Trockenfutterpellets auch schwer verdauliche Fette, so daß dieses Futter zwar als Grundfutter, jedoch nicht als Alleinfutter verwendet werden sollte!

**Hinweis:** Reagiert Ihre Schildkröte auf das Trockenfutter mit Durchfall, sollten Sie es solange weglassen, bis sich die Verdauung normalisiert hat. Füttern Sie dann in geringerer Dosis weiter.

### Futterzusätze

Vitamine, Spurenelemente und Kalk sind für eine gesunde Entwicklung der Schildkröte unentbehrlich (im Zoofachhandel oder beim Tierarzt erhältlich).

Vitamine und Spurenelemente sind in den handelsüblichen Ergänzungsfuttermitteln enthalten, wie z.B. »Corvimin®« oder »Davinova®«. Meist werden sie in Pulverform angeboten. Jeder Schildkröte, ganz gleich ob klein oder groß, genügt eine zweimalige Prise pro Woche. Vermischen Sie die Prise gründlich mit dem Lieblingsfutter Ihrer Schildkröte.

**Hinweis:** Bei einer Ernährung mit frischem Rinderhack, Fischfleisch und während der Freilandhaltung der Schildkröte in den Sommermonaten, erübrigen sich in der Regel zusätzliche Vitamingaben. Zuviel Vitamine können sogar Gesundheitsschäden verursachen. Zum Beispiel kann eine Überdosierung von Vitamin A bei Landschildkröten zu einer entzündlichen Ablösung der Haut und letztlich zum Tode führen (→ Seite 84).

Bei Wasserschildkröten kommt es dagegen eher häufig zu einem Mangel an Vitamin A, der sich vor allem bei Jungtieren an geschwollenen Augenlidern zeigt (→ Seite 83). Da der Körper Vitamin A selbst herstellen kann, genügt es, ihm die Grundstoffe in Form von karotinreichen Futtermitteln zur Verfügung zu stellen. Sehr empfehlenswert sind sogenannte »Koi-Sticks« (Zoofachhandel), die außerdem eine prächtige Hautfärbung und eine schöne Ausbildung der gelben bzw. roten Flecken und Streifen bewirken.

**Foto rechts: Reibschale und Mörser erleichtern die Zerkleinerung der Eierschalen.**

**Gewaschene und zerstoßene Eierschalen sind gut gegen Kalkmangel.**

# GRUNDSPEISEPLAN

## Grundspeiseplan für die verschiedenen Jahreszeiten

| Jahreszeit | Landschildkröten | Sumpf- und Wasserschildkröten |
|---|---|---|
| **Hauptkost** | | |
| Frühjahr | Wiesenkräuter: Vogelmiere, Löwenzahnblüten, Gänseblümchenblüten, Wegerich, Gras, frisches Baumlaub. | Frisches Forellenfleisch (tiefgefrorene Stücke vor dem Verfüttern auf Wassertemperatur bringen), fettfreies Rinderhack, Katzentrockenfutter (höchstens 50 % der Gesamtfuttermenge). |
| Sommer | → Frühjahr. | → Frühjahr. |
| Herbst bis Winter (bei Winterruhe keine Fütterung!) | Feldsalat, Kohlrabiblätter, blattreiches Heu. | → Frühjahr. |

Die Verfütterung erfolgt jeweils frisch oder aufbereitet als Aspikfutter (→ Seite 75).

| | | |
|---|---|---|
| Ganzjährig | Futterzusätze: 2 x wöchentlich eine Prise Mineralsalzgemisch (Corvimin ® oder Davinova ® → Seite 72), Kalk (zerstoßene Eierschale), geriebene Karotten oder »Koi-Sticks« (aus dem Zoofachhandel). | |

**Hinweis:** Dieser Speiseplan enthält Vorschläge zur Standardversorgung Ihrer Schildkröte. Bitte beachten Sie auch die speziellen Hinweise zur Ernährung in den Porträts von Seite 30 bis 47.

Kalk ist vor allem für heranwachsende Schildkröten zur Panzerbildung und bei erwachsenen Weibchen zur Bildung der Eierschalen wichtig. Kalk gibt es als Spezialpräparat im Zoofachhandel, oder Sie können den Bedarf durch die Zugabe von zerstoßenen Hühnereierschalen decken. In den ersten beiden Lebensjahren sollten Sie Ihrer Schildkröte täglich Kalk über das Futter streuen, später genügen zwei Gaben pro Woche.

**Hinweis:** Bananen, Tomaten und Pfirsiche enthalten viel Phosphor, das zusammen mit

## RICHTIG HALTEN UND PFLEGEN

Kalk verabreicht, der Gesundheit der Schildkröte schaden kann. Kalkgaben für Landschildkröten am besten über Kräuter und Salat streuen. Wasser- und Sumpfschildkröten knetet man Futterzusätze in ein wenig Rinderhack.

### Die richtige Futtermenge

Leider gibt es keine Faustregel dafür, wieviel eine Schildkröte fressen darf. Eine gesunde Schildkröte frißt jedoch oft mehr, als ihr guttut. Lassen Sie sich nie vom Betteln Ihrer Schildkröte beeindrucken. Von zuviel Futter wird sie fett, kann einen Leberschaden davontragen oder sich nicht mehr fortpflanzen.

Bei Landschildkröten die richtige Futtermenge einzuschätzen, ist schwierig, denn sie sind langsame Esser. Im Laufe der Zeit müssen Sie selbst ein Gefühl dafür entwickeln, wieviel Futter Ihr Tier braucht. Diät ist dann angesagt, wenn die Hautfalten beim Einziehen der Beine blasenförmig aus dem Schildkrötenpanzer hervorquellen. Vermindern Sie dann die Futtermenge so lange um 30 bis 40 Prozent, bis die Schildkröte die Fettvorräte aus der Unterhaut abgebaut hat.

Hinweis: Landschildkröten werden immer an Land gefüttert. Sorgen Sie stets für frisches Trinkwasser.

Bei Wasserschildkröten finden Sie ein gutes Futtermaß, wenn Sie folgendermaßen vorgehen. Lassen Sie die Schildkröte einen Tag hungern. Wählen Sie dann ihr Lieblingsfutter aus. Wiegen Sie das Futter, das Sie verabreichen wollen oder messen Sie es mit einem flachgestrichenen Eßlöffel ab. Füttern Sie die Schildkröte solange, bis ihre erste Gier nachläßt und sie bei der Nahrungsaufnahme deutlich langsamer bzw. wählerischer wird. Jetzt berechnen Sie die verfütterte Menge und verabreichen dem Tier zukünftig jeweils nur 50 Prozent davon als reguläre Futtermenge.

Hinweis: Wasserschildkröten sollten immer im Wasser gefüttert werden. Leben zwei unterschiedlich große Tiere zusammen, kann die größere der

### TIP

Ob Sie Ihre Schildkröte ausreichend mit Futter versorgen, können Sie nur durch Gewichtskontrollen feststellen. Jungtiere alle 3 bis 4 Wochen wiegen, ausgewachsene alle 8 bis 12 Wochen. Die Gewichtszunahme ist bei Jungtieren prozentual höher als bei älteren Tieren.

Saftige Löwenzahnblüten gehören zur Lieblingsspeise dieser Landschildkröte.

## SPEZIALFUTTER SELBST HERSTELLEN

**In größeren Schildkröten-Anlagen lohnt sich die Anbringung solcher praktischer Futterraufen.**

kleineren den Kopf abbeißen, wenn beide gleichzeitig dasselbe Futterstück schnappen wollen. Deshalb Jungtiere getrennt von erwachsenen füttern!

### Spezialfutter selbst herstellen

Die folgenden Rezepte stammen aus der Küche des Zoologischen Gartens in Frankfurt. Diese Vollwertnahrung kann auch auf Vorrat zubereitet und portionsweise eingefroren werden.

■ Kost für Pflanzenfresser: 85 bis 90% Pflanzenmaterial in reichhaltiger Zusammensetzung (Wiesenkräuter, Feldsalat, rohfaserreiches Blattwerk von Gemüsen und Gemüsestücke wie z. B. Möhren oder Kohlrabi). 10 % fettfreies Hackfleisch vom Rind und 5 % gekochten Maisgrieß oder ungeschälten Reis.

■ Kost für Fleischfresser: 75 % tierisches Eiweiß in folgender Zusammensetzung: 30% Süßwasserfisch, 30 % Herzfleisch, 20% Tintenfisch, 20% Leber. Die restlichen 25 % der Vollwertnahrung bestehen zu gleichen Teilen aus Kräutern,

## RICHTIG HALTEN UND PFLEGEN

Karotten, Äpfeln, ungeschältem Reis oder gekochtem Maisgrieß.

**Hinweis:** Mit Garnelen oder Hühnerei (beides mit Schalen) läßt sich die Geschmacksrichtung oder die Zusammensetzung des Gerichts verändern. Testen Sie aus, was dem Tier am besten schmeckt.

<u>Die Zubereitung</u> ist ganz einfach. Alle Zutaten werden gründlich unter fließendem Wasser gewaschen. Pürieren Sie für Landschildkröten die entsprechenden Bestandteile unter Zugabe von etwas Wasser zu einem honigartig fließenden Brei. Für Wasserschildkröten wird anschließend die entsprechende Menge Fleisch beigemischt. Erhitzen Sie den Brei auf 80 °C (Thermometerkontrolle!). Pro Liter Brei fügen Sie 1 flachgestrichenen Teelöffel Mineralsalzgemisch (→ Tabelle, Seite 73) und 1 Vitamin-Brausetablette (in Wasser aufgelöst) hinzu. Lassen Sie den Brei unter ständigem Rühren auf 60 °C abkühlen. Geben Sie nun hochwertiges Aspik-Pulver (Lebensmittelgeschäft) dazu. Nach dem Erstarren Tagesrationen abschneiden und in Plastikbeuteln tiefgefrieren.

**Die Beziehung zwischen Ihnen und Ihrer Schildkröte kann recht intensiv werden, wenn Sie sich Zeit für das Tier nehmen.**

## FÜTTERUNGSREGELN

### Fütterungsregeln für Schildkröten

| | Wie oft? | Wieviel? | Zu beachten |
|---|---|---|---|
| **Landschildkröten Jungtiere** | Täglich vormittags und nachmittags. | An den Portionen sollte das Tier jeweils etwa 10 Minuten zu fressen haben. | Für ein gesundes Knochenwachstum sind regelmäßige Gaben von Kalk, Mineralsalzgemischen und vitaminreiche Kost wichtig (→ Seite 72). |
| **Landschildkröten halbwüchsig/ erwachsen** | Täglich vormittags und nachmittags. | An beiden Portionen sollte das Tier insgesamt etwa 10 Minuten zu fressen haben. | Eierlegende Weibchen benötigen für den Aufbau der Eischalen viel Kalk. Kalkbeigaben in Form zerstoßener Eierschale (1/5 von einem normalen Hühnerei täglich) sind 4 Wochen vor und 4 Wochen nach der Eiablage wichtig. |
| **Wasserschildkröten Jungtiere** | Täglich 1 bis 2 mal. | Tagesration: 50 % der Menge, die das Tier maximal bei einer Mahlzeit aufnehmen könnte (→ Seite 74). | Für ein gesundes Knochenwachstum sind regelmäßige Gaben von Kalk, Mineralsalzgemischen und vitaminreiche Kost wichtig. |
| **Wasserschildkröten halbwüchsig/ erwachsen** | Jeden 2. Tag; bei ausgewachsenen Tieren jeden 2. bis 3. Tag im Wechsel. | 50 % der Menge, die das Tier bis zur vollständigen Sättigung bei einer Mahlzeit aufnehmen könnte. | Eierlegende Weibchen benötigen für den Aufbau der Eierschalen viel Kalk. Kalkbeigaben in Form zerstoßener Eierschale (1/5 von einem normalen Hühnerei täglich) sind 4 Wochen vor und 4 Wochen nach der Eiablage wichtig. |

## 2 RICHTIG HALTEN UND PFLEGEN

# Gesundheitsvorsorge und Krankheiten

Auch als Heimtiere können Schildkröten uralt werden. Leider weiß man durch Untersuchungen, daß mehr als die Hälfte aller gekauften Schildkröten das erste Jahr in der Obhut ihrer Pfleger nicht überstehen. Schuld daran sind in erster Linie mangelnde Kenntnisse um die Bedürfnisse dieser Tiere und nachlässige Hygiene im Terrarium oder Aquarium.

### Vorbeugemaßnahen für alle Schildkröten

Die drei Hauptursachen für Krankheiten mit Todesfolge sind bei allen Schildköten:
- Zugluft,
- ungenügende Kalk- und Vitaminversorgung,
- unzureichende UV-Lichtversorgung.

Zugluft: Halten Sie die Schildkröte niemals auf dem Fußboden der Wohnung oder in einem Terrarium/Aquarium auf der Fensterbank. Hier herrscht immer Zugluft.

Kalk- und Vitaminversorgung: Sie ist für die körperliche Entwicklung der Schildkröte ein unbedingtes Muß (→ Seite 72).

UV-Lichtversorgung: Das UV-Licht sorgt für Sonnenersatz und schützt die Schildkröte vor Knochenerkrankungen (→ Freianlage für Landschildkröten, Seite 58).

### Vorbeugemaßnahmen für Landschildkröten

Sauberkeit im Terrarium ist eine der wichtigsten Voraussetzungen für die Gesundheit Ihrer Schildkröte. Badebecken und feuchte Sandzonen, die das Becken umgeben, sind wahre Brutstätten für Magen- und Darmwürmer, deren Eier und Larven und für Amöben und Bakterien aller Art.

In der Natur wandern Schildkröten große Strecken und begegnen den Parasiten, die sie ausscheiden, nie wieder.

Im Terrarium ist das zwangsläufig anders. Beim Trinken und Fressen nehmen sie die ausgeschiedenen Keime wieder auf, sofern nicht für peinliche Sauberkeit gesorgt

**Junge Schildkröten sind in der Regel wesentlich leuchtender gefärbt als Alttiere.**

## VORBEUGEMASSNAHMEN

**Ein dunkler Panzer, hier der einer Zierschildkröte, speichert auch bei bedecktem Himmel Sonnenwärme.**

wird. Deshalb das Wasserbecken am besten täglich schrubben, frisches Wasser einfüllen und den Boden der Umgebung trocken halten (durch Verlegen der Steinplatten).

Wechseln Sie den Sand, der das Wasserbecken umgibt, häufig aus (je nach Verschmutzung alle 4 bis 8 Wochen).

Frißt Ihre Schildkröte Sand oder Kies in größeren Mengen, leidet sie vermutlich an Mineralstoffmangel. Sand und Kies können tödliche Verstopfungen im Magen-Darmtrakt hervorrufen. Deshalb unbedingt auf eine regelmäßige Versorgung mit Vitaminen, Kalk und Spurenelementen achten (→ Seite 72).

## RICHTIG HALTEN UND PFLEGEN

**Vorbeugemaßnahmen für Sumpfschildkröten**

Hygiene ist auch im Sumpfschildkröten-Terrarium oberstes Gebot. Das Wasser muß immer sauber, der Sand darf nicht naß sein. Bedenken Sie, daß eine Sumpfschildkröte, die in freier Natur in einem Fluß lebt, immer frisches Wasser zur Verfügung hat.
Auch in einem See fallen Schildkrötenkot oder ein sich zersetzender Futterrest nicht besonders ins Gewicht.

**Vorbeugemaßnahmen für Wasserschildkröten**

Sauberes Wasser ist im Aquarium das Wichtigste, denn hier können Kot und Futterreste die Wasserqualität drastisch verschlechtern und das Tier krank machen.
Vorbeugend können Sie folgendes dagegen tun:

**Beim Sonnenbad werden alle Viere von sich gestreckt, um soviel Haut wie möglich zu zeigen.**

# KRANKHEITSANZEICHEN

## TIP

Sauberes Wasser ist für die Gesundheit der Schildkröte wichtig. Schmutz, Kot- und Futterreste lassen sich mit einem Teesieb oder einem Papier-Kaffeefilter aus dem Wasser entfernen. Mulm im Aquarienwasser wird mit einem Stück Filterschlauch nach der Saughebermethode abgesaugt.

**1** Halten Sie wenige Schildkröten in möglichst viel Wasser.

**2** Futter- und Kotreste sollten umgehend entfernt werden.

**3** Sorgen Sie von vornherein für einen Filter mit einer guten Filterleistung (→ Seite 56).

**4** Vermeiden Sie Zugluft, die durch die Terrarienöffnung eindringen kann. Schildkröten, die kältere Luft aus warmem Wasser atmen müssen, erleiden leicht eine Erkältung bzw. Lungenentzündung (→ Atemnot, rechts).

**5** Stärken Sie die Abwehrkräfte der Schildkröte durch die richtigen Wassertemperaturen (24 °C bis 26 °C) und eine Wärmelampe über dem Landteil.

## Krankheitsanzeichen, die auffallen

Verhaltensveränderungen, wie beispielsweise Apathie, und äußerliche Anzeichen, wie z.B. geschwollene Augenlider, deuten auf eine Erkrankung hin.
Im folgenden Text sind die häufigsten Krankheitssymptome und Krankheiten, die eine Schildkröte befallen können, zusammengefaßt.

### Atemnot

Anzeichen: Mit vorgestrecktem Hals und weit geöffnetem Maul läßt die Schildkröte fiepende, stöhnende oder schnarchende Geräusche hören, zwischendurch senkt sie immer wieder müde den Kopf. Wasserschildkröten liegen meist unter der Wärmelampe und atmen mit offenem Maul.
Mögliche Ursachen: Lungenentzündung; Verstopfung; Legenot; Aufgasung von Magen oder Darm; Blasenstein oder Harnsäureklumpen, die eine Entleerung der Analblase verhindern; Ödeme durch Nieren- oder Herzerkrankung.
Behandlung: Sie dürfen das Tier keinesfalls erwärmen! Die damit verbundene Erhöhung des Stoffwechsels kann akut lebensgefährlich sein! Am besten sofort mit der Schildkröte einen Tierarzt aufsuchen, denn nur er kann eine genaue Diagnose stellen.
Hinweis: Zu atmungsbehindernden Belägen im Maul kann es durch Pilz-, Bakterien- oder Herpesinfektionen kommen. Herpes verläuft bei der Schildkröte meist tödlich. Nur eine sofortige Quarantäne, Hygiene und Desinfektionsmaßnahmen können dann den Restbestand retten.

## RICHTIG HALTEN UND PFLEGEN

### Durchfall

Anzeichen: Breiiger Kot (→ Foto, Seite 83).

Mögliche Ursachen: Falsche Fütterung, Protozoen-, Wurm- oder Pilzinfektion.

Behandlung: Wenn dem Kot kein Blut beigemengt ist, und das Tier sich sonst lebhaft verhält, wird es zunächst auf Diät gesetzt: Kein Obst, Grünfuttermenge reduzieren und viel trockene Anteile, wie Laub und Heu, beimischen. Als Ersatz für das Trinkwasser Kamillentee oder schwarzen Tee (10 Minuten ziehen lassen) reichen. Tritt innerhalb von 2 bis 3 Tagen keine Besserung ein, müssen Sie die Schildkröte zum Tierarzt bringen. Frische Kotprobe nicht vergessen (→ Seite 105)!

### Veränderungen des Harns bei Landschildkröten

Anzeichen: Bei den meisten Landschildkröten besteht der Harn aus einem wäßrig-klaren Anteil und einem weißen, schleimigen Klecks darin, der aus auskristallisierter Harnsäure besteht. Veränderter Harn ist dickflüssig und hat in einem fortgeschrittenen Krankheitsstadium keine weiße Schleimspur mehr. Später sind kleine Steinchen im Harn zu finden. Das Tier verhält sich ruhiger als gewöhnlich, seine Gelenke, auch die Hinterbeine, schwellen an (→ Zeichnung, rechts).

Ursache: Je höher die Konzentration des Harnes ist, das heißt, je weniger das Tier trinkt, um so mehr Harnsäure fällt in immer größeren Kristallen aus. Das Tier dickt den Harn mehr und mehr ein, um Wasser zu sparen. Trotz der schützenden Schleimstoffe im Harn wird dann irgendwann die Zellauskleidung von Nierenkanälchen und Analblase durch die Kristallnadeln gereizt und entzündet sich. Bakterien und Flagellaten können sich vermehren. Eiweißflokken, abgestorbene Zellen und Kristalle wachsen zu immer größeren Partikeln heran und blockieren immer mehr Nierenkörperchen. Die Nieren können nicht mehr das Zellgift Harnstoff und die gichtauslösende Substanz Harnsäure ausscheiden. Es kommt zu einer Vergiftung im Körper der Schildkröte. Sie entwickelt einen Blasenstein oder eine Gicht, die oft mit einer schmerzhaften Gelenkschwellung verbunden ist.

Behandlung: Die Schildkröte sofort zum Tierarzt bringen,

**Geschwollene Gelenke deuten auf eine Nierenerkrankung.**

**Übermäßige Häutung durch Vitamin A-Vergiftung.**

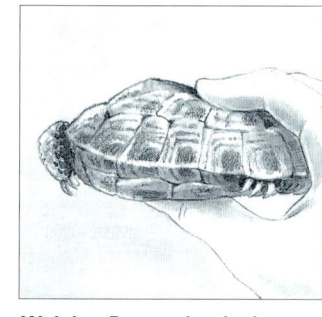

**Weicher Panzer durch eine Vitamin $D^3$-Vergiftung.**

## PANZERVERLETZUNGEN, GESCHWOLLENE AUGEN

> **TIP**
>
> Zögern Sie nicht, Ihre Schildkröte sofort zum Tierarzt zu bringen, wenn Ihnen etwas Ungewöhnliches an ihr auffällt. Je früher der Tierarzt eine genaue Diagnose stellen kann, je besser sind die Heilungschancen für das Tier. Kotproben sind immer hilfreich für eine Diagnose (→ Seite 105).

denn unbehandelt sind die Erkrankungen mit großen Schmerzen für das Tier verbunden und führen schließlich zum Tod. Vorbeugend wirken mehrmals wöchentlich Bäder, wobei das Tier reichlich Wasser aufnimmt und so die Nieren durchgespült werden.

### Panzerverletzungen

Ursache: Meist Unfälle.
Behandlung: Oberflächliche Hornabschürfungen sind harmlos. Ist die Wunde jedoch so tief, daß sie bis zum Knochen durchgeht, muß die Schildkröte zum Tierarzt gebracht werden. Er entfernt das infizierte Gewebe und behandelt die entstandene Knochenwunde täglich. Wasserschildkröten müssen während der Behandlung auf trockenem Zeitungspapier gehalten werden und dürfen nur zum Fressen und Trinken täglich für eine Stunde ins Wasser. Sehr kleine Tiere dürfen häufiger für kurze Zeit ins Wasser, damit sie nicht austrocknen.

### Geschwollene Augen

Ursache: Fremdkörper im Auge, Verletzungen; Vitamin-A-Mangel.
Vitamin-A-Mangel tritt fast nur bei Wasserschildkröten auf. Hierbei kommt es zu einer verstärkten Abschilferung von Zellen der über den Augen liegenden Harder'schen Drüsen. Der Lidspalt füllt sich dann mit einer undurchsichtigen, weißen Masse verklebter Zellen. Die Schildkröte sieht nichts mehr und stellt die Futteraufnahme ein. Ihre Augenlider wölben sich froschartig vor, und sie reibt sich immer wieder mit den Vorderbeinen über die Augen.
Behandlung: Nur durch den Tierarzt. Er wird die Augen der Schildkröte mit einer kleinen Tränenkanüle freispülen und ihr Vitamin A spritzen. Vorbeugend sollten Sie für eine abwechslungsreiche Fütterung sorgen (→ Seite 70 bis 77).

Gut geformter Kot einer gesunden Landschildkröte.

Der Biß einer erwachsenen Schnappschildkröte ist schmerzhaft.

## RICHTIG HALTEN UND PFLEGEN

**Hinweis:** Alle Vitaminpräparate, die Vitamin A und $D^3$ enthalten, müssen nach Körpergewicht der Schildkröte dosiert werden. Falsch dosiert können sie die schwersten Vergiftungen hervorgerufen.

### Vitamin-A-Vergiftung

Anzeichen: Häutung bis aufs »rohe« Fleisch (→ Zeichnung, Seite 82).

Behandlung: Nur durch den Tierarzt. Das Tier muß sehr sauber gehalten (Infektionsgefahr!) und gut gefüttert werden. Fliegenschutz im Terrarium/Aquarium anbringen. Die Wunden vorsichtig mit Heilsalbe bestreichen. Mehrere Monate lang Vitamin-A-Präparate meiden.

### Vitamin-$D^3$-Vergiftung

Anzeichen: Der Schildkrötenpanzer wird weich, an den Nähten treten Blutungen auf (→ Zeichnung, Seite 82).

Behandlung: Nur durch den Tierarzt. Die Schildkröte äu-

**Schleimfäden im Rachen können beim Fressen entstehen, aber auch ein Krankheitsanzeichen sein.**

# LEGENOT

**Porträt einer Strahlenschildkröte. Blanke, klare Augen sind ein Merkmal dafür, daß das Tier gesund ist.**

ßerst vorsichtig berühren. Regelmäßige Mineralstoffzufuhr sichern. Keinen Zugang zu Sand und Kies geben. Gekochte Eierschalen pulverisieren und der Schildkröte über das Futter streuen. Auf $D^3$-Präparate verzichten und für eine regelmäßige UV-Bestrahlung sorgen (→ Seite 78).

## Legenot

<u>Anzeichen:</u> Erfolgloses Graben und vergebliche Preßversuche beim Eierlegen.

<u>Mögliche Ursachen:</u> Sowohl Mineralstoff- als auch Hormonmangel kann zu Legenot führen. Aber auch ein zu großes Ei, mißgebildete Eier, ein abgeknickter oder sogar verdrehter Eileiter, eine Verstopfung durch Sand verursacht, eine Kloakenverletzung oder ein Blasenstein können eine Legenot bei der Schildkröte verursachen.

<u>Behandlung:</u> Nur der Tierarzt kann klären, welche Ursache der Legenot zugrunde liegt.

## RICHTIG HALTEN UND PFLEGEN

# Schildkröten züchten

Bei artgerechten Haltungsbedingungen pflanzen sich Schildkröten auch in der Obhut des Menschen fort. Bedenken Sie jedoch vor der Zucht, daß Ihre Schildkröten bei der örtlichen Naturschutzbehörde gemeldet sein müssen (→ Seite 24). Nur dann erhalten Sie später die nötigen Papiere für die Jungtiere.

### Die Geschlechtsreife

Europäische Landschildkröten sind bereits mit 3 bis 5 Jahren geschlechtsreif.
Europäische Sumpfschildkröten erlangen erst mit 10 bis 12 Jahren die Geschlechtsreife.
Viele andere Arten pflanzen sich jedoch in einem Alter fort, das zwischen den beiden genannten Extremen liegt.
Günstige Lebensbedingungen können eine frühere Geschlechtsreife fördern.
Die Paarungszeit der meisten Arten liegt zwischen Ende April und Ende Mai. Entscheidende Auslöser dafür sind z. B. die zunehmende Tageslänge und der Sonnenstand.

### Tips für die Zucht

■ Bei Arten, die eine Winterruhe halten, muß diese unbedingt eingehalten werden (→ Seite 30 bis 47).

■ Pflegen Sie, wenn möglich, ein Paar in den Sommermonaten in einer Freianlage.
Im Terrarium müssen Sie etwas nachhelfen, wenn Sie Schildkrötennachwuchs haben möchten:
■ Trennen Sie die Schildkröten, die keine Winterruhe halten, 1 bis 2 Monate vor dem geplanten Paarungstermin (Tiere außer Sicht-, Hör- und Riechweite unterbringen) und führen Sie sie dann wieder zusammen.
■ Verkürzen Sie die Brenndauer von Spotstrahler und Beleuchtung im Terrarium 3 Monate vor der Paarungszeit auf mindestens 6 Stunden pro Tag. Nach 2 Monaten über 3 bis 4 Wochen hinweg die Besonnungsdauer auf 10 bis 12 Stunden steigern.
■ Senken Sie anfangs die Luft- bzw. Wassertemperatur um 4 °C bis 5 °C. Zusätzliche Wärmequellen wie Spotstrahler oder Heizmatte im Boden bleiben dabei ausgeschaltet.
■ Mit Verlängerung der Beleuchtungsdauer werden Luft bzw. Wassertemperatur schrittweise über 3 bis 4 Wochen hinweg erhöht. Schalten Sie in der letzten Woche den Spotstrahler und/ oder die Heizmatte ein.

**TIPS FÜR DIE ZUCHT**

Am arteigenen Geruch erkennen Schildkröten, ob sie einen passenden Partner zur Paarung gefunden haben.

## RICHTIG HALTEN UND PFLEGEN

■ Lassen Sie in der letzten Woche »Frühlingsregen« niedergehen: Sprühen Sie zweimal täglich mit einer Blumenspritze das Terrarium und die Schildkröten ab (→ Tip, Seite 89). So erhöhen Sie die Luftfeuchtigkeit. Zusammen mit der ansteigenden Temperatur ist das ein weiterer Auslöser für den Paarungstrieb.

■ Wenn Sie zugleich mit der Erhöhung der Temperaturen den Schildkröten frisches, zartes Futter anbieten, beginnen die Tiere mit den Paarungsspielen.

### Die Befruchtung der Eier

Das Männchen bildet seinen Samen bereits im vorausgegangenen Sommer und speichert ihn während der Winterruhe.

Das Weibchen legt seine Eier ebenfalls im Sommer an und schließt die Entwicklung nach der Winterruhe im Frühjahr ab. Bevor es die Schale ausbildet, werden die Eier befruchtet. Dazu ist nicht jedes Mal eine Paarung notwendig, denn manche Weibchen können den einmal aufgenommenen Samen bis zu vier Jahren speichern! Es kann also passieren, daß Ihre neu erworbene Schildkröte, die Sie einzeln halten, nach 1 bis 3 Jahren befruchtete Eier legt.

### Die Eier künstlich erbrüten

Alle Schildkröten vergraben ihre Eier an Land, auch wenn es sich um ein ausgeprägt wasserlebendes Tier handelt,

**Foto oben:** Mit dem Eizahn hat die Griechische Landschildkröte die Eierschale geöffnet.

**Foto unten:** Die Anstrengung ist dem Tier anzusehen. Es dauert oft 24 bis 60 Stunden, bis die Eierschale gesprengt ist.

## DIE EIER KÜNSTLICH ERBRÜTEN

**Es ist geschafft! Noch etwas »zusammengefaltet« von der Enge im Ei, geht es hinaus in die Welt.**

---

### TIP

**Verwenden Sie zum Sprühen am besten entkalktes Wasser. Mit der Zeit bilden sich sonst häßliche Kalkflecken an den Terrarienscheiben, die nur mühsam zu entfernen sind.**

---

wie z.B. die Weichschildkröte (→ Seite 43).

Wasserschildkröten müssen z.B. über eine Rampe die Möglichkeit haben, das Wasser zu verlassen, um ihre Eier im Sand vergraben zu können. Richten Sie dazu eine mit Sand gefüllte Eiablage-Kiste ein, die neben dem Aquarium plaziert wird. Die Kiste sollte rechteckig und mindestens doppelt so lang wie die Schildkröte sein. Die Sandhöhe entspricht mindestens der Panzerlänge der Schildkröte.

Landschildkröten vergraben ihre Eier im Terrarium, wenn die Sandhöhe der Panzerlänge entspricht. Es ist gut, in jedem Terrarium eine solche Zone mit warmem, leicht feuchtem Sand zu haben.

Manche Arten legen alle Eier auf einmal, andere dagegen in Abständen von 5 bis 10 Tagen. Nach der Eiablage sollten Sie die Eier in Sicherheit bringen, damit die Schildkröte sie nicht im begrenzten Terrarium oder in der Eiablage-Kiste beschädigt. Markieren Sie die Eier mit einem weichen Bleistift an der Oberseite. Sie dürfen während der gesamten Brutdauer nicht mehr gedreht werden, da der Keim sonst von seinem Dotter erdrückt wird und abstirbt. Hilfreich ist auch eine Numerierung, falls die Eier in längeren Abständen gelegt werden. So können Sie selbst errechnen, wann mit dem Schlupf der Jungtiere zu rechnen ist.

Die »Brutkammer« besteht aus einer Kunststoff-Klarsichtdose, die halb mit leicht feuchtem »Vermiculit®«, (aus dem Baumarkt) oder einfachem Bausand gefüllt wird. Eier zur Hälfte in das Vermiculit oder den Sand betten. Anschließend die Klarsichtdose mit dem passenden Deckel verschließen. Im Innern der Dose entwickelt sich die notwendige Luftfeuchtigkeit von 100 %. Lüften Sie den Deckel einmal täglich und fächeln Sie mit dem Deckel

## 2 RICHTIG HALTEN UND PFLEGEN

etwas Frischluft in die Dose. Damit das Kondenswasser am Deckel nicht auf die Eier tropft (sie können absterben), die Dose mit einer Seite etwa auf eine Streichholzschachtel legen, damit das Kondenswasser am Innern des Deckels zur Kante hin ablaufen kann.

Stellen Sie die Dose mit den Eiern in einen Raum, in dem eine Temperatur von 28 °C herrscht. Das kann Ihr Heizungskeller, das Frühbeet der Freianlage oder das beheizte Quarantäneterrarium sein.

**Hinweis:** Folgende Konstruktion bietet ideale Temperaturen für die Erbrütung der Eier: In einem Kunststoff-Aquarium 2 Ziegelsteine hochkant stellen. Bis kurz unter die Oberkante der Steine Wasser füllen. Auf die Steine die Kunststoffdose mit den Eiern stellen. Das Wasser mit einem Aquarienheizer auf 28 °C erwärmen. Das Aquarium mit einer Glasscheibe abdecken. Ein kleiner Holzkeil sorgt dafür, daß Kondenswasser ablaufen kann.

**Muhlenbergs Sumpfschildkröte wird nur 11 cm groß. Sie paart sich, wie die meisten Sumpfschildkröten, bevorzugt im Wasser.**

# AUFZUCHT DER JUNGTIERE

## Wie werden zwei Landschildkröten ein Paar?

In der Natur leben Landschildkröten meist alleine. Nur während der Paarungszeit, von April bis Mai, ziehen Männchen und Weibchen gemeinsam umher, um Nachwuchs zu zeugen. Da Schildkröten sehr gut riechen können, erkennen sie ihren Partner am Geruch. Hat das Männchen ein Weibchen entdeckt, umkreist es das Weibchen langsam. Bleibt das Weibchen nicht stehen, um sich den Schildkröten-Mann näher anzuschauen, beißt das Männchen dem Weibchen in die Vorderbeine. Damit will es erreichen, daß das Weibchen anhält und sich hinlegt. Tut das Weibchen dies nicht, rammt das Männchen seinen Panzer an den des weiblichen Tieres. Wenn sich das Weibchen nun hinlegt, zeigt es dem Männchen damit, daß es paarungsbereit ist. Schließlich steigt das Männchen von hinten auf das Weibchen und vereinigt sich mit ihm. Dabei kann es zischende oder pfeifende Laute ausstoßen. Das Bild auf Seite 86/87 zeigt die Paarung zweier Landschildkröten.

Ein einzel gehaltenes Landschildkröten-Männchen zeigt dasselbe Verhalten. Es kann in der Paarungszeit auch deinen Schuh oder einen Stein als Weibchenersatz ansehen.

Das Schlüpfen der Jungtiere erfolgt nach 30 Tagen (bei Weichschildkröten), kann jedoch auch 90 Tage (bei Schmuckschildkröten) oder 150 Tage (bei Schlangenhalsschildkröten) dauern.

## Aufzucht der Jungtiere

Der Schlupfvorgang dauert bei Schildkröten 1 bis 3 Tage. Währenddessen dürfen die Tiere nicht gestört werden. Lassen Sie die Jungen solange in der Brutkammer, bis ihr Dottersackrest am Bauchnabel rückgebildet ist (kann einige Tage dauern). Voraussetzung ist natürlich, daß die Brutkammer groß genug ist.

Die frisch geschlüpften Jungtiere werden getrennt von den Elterntieren aufgezogen. Ihre Lebensbedingungen sind mit denen der erwachsenen Tiere identisch (→ Seite 30 bis 47). Allerdings vergeht etwa eine Woche, bis die Jungtiere fressen. Erst dann hat sich ihr Stoffwechsel von der Verdauung des Dotters auf die Verdauung fester Nahrung umgestellt. Schneiden Sie das Futter etwas kleiner, damit die Jungtiere es gut greifen können. Für eine geregelte Kalk- und Vitaminzufuhr sorgen (→ Futterzusätze, Seite 72)!

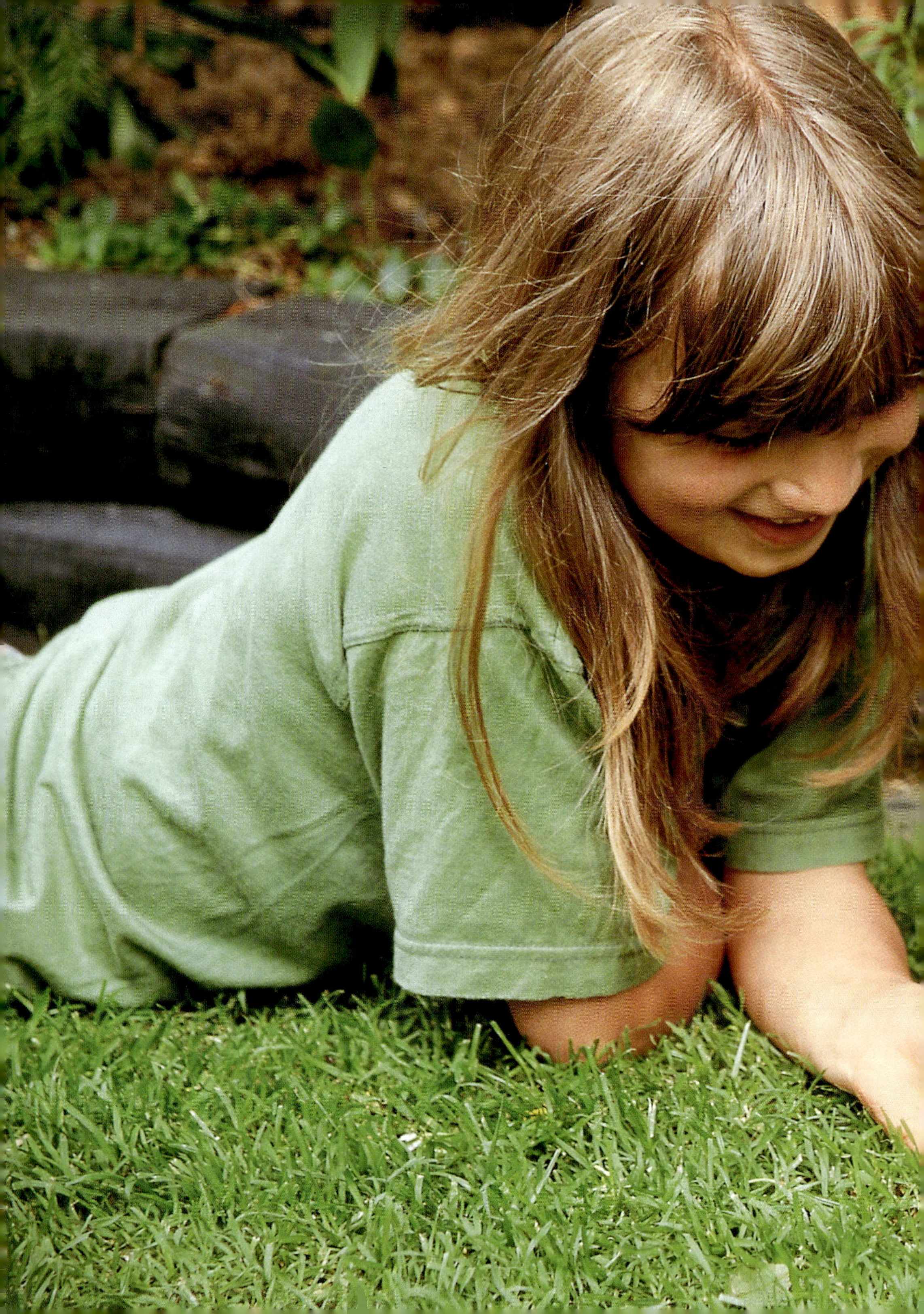

# Verstehen lernen und beobachten

Die Haltung einer Schildkröte kann zum aufregenden Erlebnis werden, wenn Sie die Verhaltensweisen des Tieres deuten können und sich Zeit zum Beobachten nehmen.

# Was Schildkröten alles können

Schildkröten gelten zu Unrecht als langweilig. Zwar sind sie nicht in der Lage, sich wie Hund oder Katze durch Laute verständlich zu machen. Doch Sie verfügen über eine ausgeprägte Körpersprache, mit der sie auch Ihnen zeigen können, in welcher Stimmung sie sich gerade befinden.

## Die Körpersprache

In der Obhut des Menschen sind folgende Verhaltensweisen häufig zu beobachten:
<u>Entlanglaufen oder Klettern an der Terrarienwand:</u> Unablässig streift das Tier an der Wand entlang, auf der Suche nach einem Weg, um aus dem Gehege zu entkommen.
Manchmal versucht es in einer Ecke des Terrariums den oberen Rand des Geheges zu erklettern. Das können deutliche Signale dafür sein, daß dem Tier die Lebensumstände nicht behagen. Dasselbe Verhalten zeigen Sumpf- und Wasserschildkröten durch Entlangschwimmen an der Aquarienscheibe. Möglicherweise stimmt das Klima im Terrarium bzw. Aquarium nicht (→ Seite 30 bis 47). Auch eine allzu langweilige Einrichtung, z.B. ohne Klettermöglichkeiten, oder laute Geräusche in der Umgebung können dieses Verhalten hervorrufen (→ Seite 58). Bei einer neu erworbenen Schildkröte, die soeben ihr Terrarium/Aquarium bezogen hat, kann diese Verhaltensweise auch auf ein neugieriges Erkunden des Revieres zurückzuführen sein. Nach 1 bis 2 Tagen sollte die Schildkröte jedoch zur Ruhe gekommen sein (→ Seite 110).
<u>Graben in der Erde:</u> Scharrt Ihre Landschildkröte unablässig mit den Hinterbeinen in der Erde und ist sie von der Größe her in einem Stadium zwischen Halbwüchsigkeit und ausgewachsenem Zustand, besitzen Sie vielleicht ein Weibchen, das Eier ablegen will. Dieses Verhalten ist auch dann zu beobachten,

### TIP

**Wenn Ihre Wasserschildkröte plötzlich unruhig an der Scheibe des Aquariums hin- und herschwimmt, möchte sie möglicherweise Eier ablegen. Stellen Sie ihr dann einen Eiablageplatz zur Verfügung (→ Seite 89).**

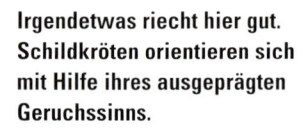

**Irgendetwas riecht hier gut. Schildkröten orientieren sich mit Hilfe ihres ausgeprägten Geruchssinns.**

## VERHALTENSWEISEN

**Porträt der Dickkopf-Schildkröte. Der Haken am Oberkiefer dient ihr im Wasser als Kletterhilfe.**

wenn gar keine Erde vorhanden ist. Setzen Sie Ihre Schildkröte z.B. auf eine glatte Unterlage, zeigt sie ebenfalls Scharrbewegungen. Dann alsbald für eine Möglichkeit zur Eiablage sorgen (→ Seite 88).
<u>Die Schildkröte wühlt unter Wasser im Kies:</u> Wasserschildkröten zeigen dieses Verhalten bei der Nahrungssuche. Ihnen signalisiert dies: Ihre Schildkröte hat noch oder bereits wieder Appetit.

<u>Alle Viere von sich strecken:</u> Die Schildkröte streckt alle Gliedmaßen, auch Kopf und Schwanz, so weit wie möglich aus dem Panzer hervor. Der Kopf liegt dabei in der Regel flach auf dem Boden, die Augen sind geschlossen. Diese Verhaltensweise ist vor allem bei Sonnenschein in der Freianlage und unter dem Spotstrahler im Terrarium/Aquarium zu beobachten. Das Tier nimmt ein Sonnenbad.

## 3 VERSTEHEN LERNEN UND BEOBACHTEN

**Achtung:** Liegt Ihre Schildkröte ganztags in dieser Position unter der Heizung oder UV-Lampe, ist das für Sie ein Alarmsignal!
Stellen Sie durch Hochheben der Schildkröte fest, ob sie sich dagegen wehrt und aktiv ist (→ Tabelle, Seite 29). Verhält sie sich eher apathisch, ist Ihre Schildkröte vermutlich krank und muß zum Tierarzt gebracht werden.
<u>Die Schildkröte richtet sich mit gestreckten Beinen auf:</u> Dabei reckt sie den Kopf nach oben. Sie ist neugierig und hat in dieser Haltung einen besseren Überblick. Außerdem kann sie so besser Kot absetzen.
<u>Kopf und Beine einziehen:</u> Zieht die Schildkröte Kopf und Beine ruckartig zurück, hat sie sich erschreckt.
<u>Besteigen von Gegenständen:</u> Die Schildkröte klettert mit den Vorderbeinen auf rundliche Gegenstände wie große Steine, Ihre Schuhspitze oder ähnliches. Vermutlich haben Sie ein Männchen, das seinen Paarungstrieb wegen einer fehlenden Partnerin »ersatzweise« an Gegenständen abreagiert. Paarungsunwillige Weibchen entziehen sich der Situation durch eilige Flucht.

Bei der Haltung mehrerer Schildkröten muß das Terrarium gut strukturiert sein, um den einzelnen Tieren genügend Rückzugsmöglichkeiten zu schaffen. Zur Not Männ-

**Oben: Beim Klettern auf den Rücken gefallen.**

**Unten: Mit dem Kopf schiebt die Schildkröte, um sich aus dieser Lage zu befreien.**

# VERHALTENSWEISEN

**Oben:** Am Ast kann sie sich beim Drehen abstützen.

**Unten:** In genau 38,6 Sekunden ist es geschafft. Endlich wieder eine normale Sicht der Dinge.

chen vorübergehend in ein Einzelterrarium setzen.

<u>Eine Landschildkröte rammt die andere mit dem Panzer:</u> Das Rammen geschieht schräg von vorne und/oder der Angreifer versucht, das andere Tier in die Beine oder in den Hals zu beißen. Dieses Verhalten zeigt ein Schildkrötenmännchen häufig vor der Paarung. Das Männchen fordert so das Weibchen auf stehenzubleiben, sich abzulegen und zur Paarung bereitzuhalten. Kommt es zu Verletzungen, müssen die Tiere getrennt werden.

<u>Die Wasserschildkröte paddelt von vorne an eine andere heran:</u> Dabei verharrt sie mit zitternden, ausgestreckten Vorderbeinen. Gelegentlich geht diesem Verhalten ein intensives Beschnuppern der Schwanzregion voraus. Auch hier handelt es sich um das Balzverhalten eines Männchens, mit dem es einem Weibchen imponieren will. Ist das Weibchen nicht paarungswillig, kann das Männchen das Weibchen in die Haut beißen. Bei Verletzungsgefahr muß das Männchen vorübergehend vom Weibchen getrennt werden.

<u>Eine Landschildkröte vergräbt sich in ihrem Versteck:</u> Außerdem stellt sie die Nahrungsaufnahme ein. Dieses Verhalten kann darauf hindeuten, daß die Schildkröte in die Winterruhe möchte. Es tritt

## VERSTEHEN LERNEN UND BEOBACHTEN

im Herbst auf, wenn die Tage deutlich kürzer werden, und die Sonne nicht mehr den höchsten Stand erreicht. Russische Landschildkröten zeigen dieses Verhalten auch zur Einleitung der Sommerruhe während des Hochsommers (→ Seite 65). Zu anderen Jahreszeiten kann ein solches Verhalten auch bedeuten, daß die Schildkröte krank ist. Suchen Sie dann sofort mit dem Tier einen Tierarzt auf.

### Die Sinnesleistungen

Das Riechvermögen ist sehr gut ausgeprägt und führt die Schildkröte zielsicher zu einem Geschlechtspartner und zum Futterplatz. Ob der Schildkröte ein Futter zusagt oder nicht, ist ganz entscheidend vom Geruch des Futters abhängig.

Wasserschildkröten riechen unter Wasser ebenso gut wie an Land und orientieren sich auch mit Hilfe des Geruchssinns. Dabei pumpen sie das Wasser mit Bewegungen des Mundhöhlenbodens durch die Nase in den Mund und lassen es aus dem Mund abfließen.

Die Augen sind sehr scharf, vor allem, um in der Ferne Futter oder Feinde wahrzunehmen. So kann die Griechische Landschildkröte z. B. aus größerer Entfernung eine ihrer Lieblingsspeisen, die gelbe Löwenzahnblüte, erkennen. Direkt davor läßt sie sich jedoch mehr von ihrem guten Geruchssinn leiten.

Viele Schildkröten erkennen auch die ihnen vertraute Person auf große Entfernung und kommen dann herbei.

Das Gehör ist weniger leistungsfähig. Schildkröten nehmen tiefe Töne am besten wahr. Sie können also Ihre Schildkröte durch Rufen in einem tiefen Tonfall oder mit Hilfe eines Musikinstrumentes, das tiefe Töne hervorbringt, herbeilocken. Ich selbst habe schon beobachtet, wie

**Ist der Winter schon vorüber? Die Griechische Landschildkröte entsteigt vorsichtig ihrem Winterquartier.**

# DER PANZER

**Wenn sie sich völlig ausgegraben hat, ruht sie noch einige Tage weiter, bevor sie wieder voll aktiv ist.**

## TIP

**Lediglich bei der Paarung sind vom Schildkröten-Männchen manchmal zischende, pfeifende oder leise keuchende Laute zu vernehmen. Auch bei gefährlichen Erkrankungen der Atemwege (→ Seite 81) sind Geräusche zu hören. Ansonsten bleiben Schildkröten stumm.**

eine Schildkröte auf Klavierspiel hin zu Ihrer Besitzerin kam, um sich einen Leckerbissen abzuholen.

Auch Bodenschwingungen (Tritte, fallende Steine) werden wahrgenommen, indem die Schwingungen über die Beine und den Panzer zum Innenohr weitergeleitet werden.

Eine äußere Ohrmuschel fehlt, so daß das Trommelfell direkt unter der Haut liegt. Aus diesem Grund ist das Ohr manchmal schwer zu erkennen.

Das Ohr liegt etwa hinter der »Wange« und ist oft von einer ledrigen Haut oder von Schuppen bedeckt (→ Foto, Seite 68).

### Der Schildkröten-Panzer

Er ist das Auffälligste an der Schildkröte. Den größten Fehler, den Sie jedoch machen können ist, die Bezeichnung »Panzer« wörtlich zu nehmen. Er besteht größtenteils aus lebendem, verletzlichem Material.

Knochenplatten sind das tragende Element des Panzers, die aus Teilen der Wirbelsäule, der Rippen, des Schultergürtels und aus verknöcherten Hautpartien geformt sind. Somit ist der Panzer Teil des Knochenbaus, des Skelettes. Dieses Knochengewölbe ist von einer empfindlichen Knochenhaut überzogen.

Die Knochenhaut ist sehr empfindlich und letztlich nur von den Hornplatten geschützt. Jeder, der schon einmal einen Tritt gegen das Schienbein bekommen hat, bei dem die Knochenhaut direkt getroffen wird, weiß, wie weh das tut.

Lediglich die Hornplatten bestehen aus »totem Material«, das etwa dem menschlichen Fingernagel vergleichbar ist.

**Hinweis:** Zwischen den einzelnen Hornschildern entdecken Sie Fugen. In diesen, zumeist hellen Zonen, kann die Hornschicht wachsen, ist dort

99

## VERSTEHEN LERNEN UND BEOBACHTEN

aber am dünnsten. Das bedeutet zugleich, daß diese Regionen ungeschützt und hochempfindlich gegen Kratzen und Bohren mit dem Fingernagel sind und nicht etwa mit einer Bürste geschrubbt werden dürfen!

Der Panzer der Landschildkröte wird mit zunehmendem Alter etwas höckriger und die Hornschilder werden dicker. Sie nutzen sich jedoch gleichmäßg ab, wenn das Tier sich beim Umherstreifen an Wurzeln, Dornen und Steinen sowie beim Graben in der Erde scheuert. Solange das Tier gesund ist, kommt es nicht zu Ablösungen ganzer Hornplatten.

Bei vielen wasserlebenden Schildkröten wie Chrysemis-, Cuora- und Chelodina-Arten (→ Seite 30 bis 47) sind Ablösungen dünner Hornschichten von den Hornplatten jedoch normal.

Bei der Weichschildkröte ist eine besondere Rückbildung des Panzers festzustellen (→ Seite 44). Das flache, knö-

**Die Zierschildkröte liebt ausgiebige Sonnenbäder. Man kann sie von Ende Mai bis September in der Freianlage halten.**

## DER PANZER

### Können Landschildkröten schwimmen?

Leider nicht. Viele Landschildkröten ertrinken im tiefen Wasser, weil sie vom Gewicht ihres Panzers unter Wasser gezogen werden.
Sollte sich einmal in eurem Gartenteich solch ein Unglück ereignen, mußt du so schnell wie möglich handeln. Hole die Schildkröte sofort aus dem Wasser und halte sie so, daß ihr Kopf nach unten zeigt. Jetzt kann das Wasser, das sie bereits geschluckt hat, aus der Lunge herauslaufen. Anschließend solltest du sofort mit der Schildkröte zu einem Tierarzt gehen.
Das Wasser im Badebecken deiner Schildkröte darf immer nur so hoch sein, daß ihr Panzer nur zur Hälfte mit Wasser bedeckt ist. So kann sie jederzeit Luft holen. Jungen Landschildkröten solltest du einen Trittstein ins Becken legen, damit sie besser hinein- und heraussteigen können. Die Zeichnung auf Seite 53 oben zeigt dir, wie's gemacht wird. Gute Schwimmer sind nur die Seychellen-Riesenschildkröten. Sie ernähren sich von Algen. Die Algen wachsen im Meer, doch bei Ebbe können sie die Schildkröten bequem abweiden. Kommt dann die Flut und überschwemmt die Küste wieder, lassen sich die Schildkröten an Land zurücktreiben. Auf der Buchklappe vorne siehst du den Kopf einer solchen Riesenschildkröte.

cherne Rückengewölbe ist nur von einer zähen, ledrigen Haut überzogen. Hornplatten fehlen. Der Bauchpanzer besteht aus etwas verbreiterten Knochen in der Becken- und Schultergürtelregion. Der größte Teil der Bauchseite ist also nur von der weichen Haut bedeckt.
Erstaunlich ist dabei die Tatsache, daß die im Sand vergrabene Weichschildkröte über die Körperhaut atmen kann. Über die Haut wird Sauerstoff aufgenommen und Kohlendioxyd ins Wasser abgegeben. Deshalb ist die Weichschildkröte auch sehr empfindlich gegen unsauberes Wasser im Aquarium oder gegen Panzerverletzungen, die sich schnell entzünden können.
Scharniergelenke sind eine weitere Besonderheit von Schildkrötenpanzern wie sie die Dosenschildkröten vorweisen können (→ Seite 35). Damit wird der Schutz des Panzers in einer verblüffenden Weise perfektioniert. Während eine »normale« Schildkröte, wie z.B. die Griechische Landschildkröte, Kopf, Arme und Beine in den Panzer einzieht, wobei die derbe Haut der Beine immer noch nach außen freiliegt, kann die

## VERSTEHEN LERNEN UND BEOBACHTEN

Dosenschildkröte den quergeteilten Bauchpanzer vorne und hinten zugbrückenartig hochziehen. Damit hat sie dann wirklich alle Körperöffnungen verschlossen und ist perfekt geschützt.
Andere in diesem Buch erwähnte Schildkröten haben vergleichbare Mechanismen wie z.B. die Klappschildkröte, (→ Seite 45) und die mit einem Rückenpanzerscharnier ausgestattete Gelenkschildkröte (→ Seite 34 und 36).
**Hinweis:** Vorsicht beim Kauf von jungen bis halbwüchsigen Schildkröten, die ausgeprägte Höcker auf dem Panzer haben und angeblich sehr selten sind. Die einzelnen Knochen bzw. Hornplatten stehen kegelförmig empor. Wahrscheinlich handelt es sich hier um ein verwachsenes, unsachgemäß ernährtes Tier, das auch an einer Stoffwechselstörung leiden kann. Kaufen Sie die Schildkröte keinesfalls.
Fairerweise muß gesagt werden, daß es Landschildkrötenarten gibt, die im hohen Alter stark ausgeprägte »Hornpyramiden« auf den einzelnen Schildflächen tragen. Auch einige Arten der Sumpfschildkröten aus Amerika und dem asiatischen Raum, wie z.B. die Diamant-Sumpfschildkröte (*Malaclemys*) und Jungtiere der Dachschildkröte oder der Mississippihöckerschildkröte tragen von Natur aus gekielte Rückenschuppen (→ Seite 41). Oft weist bereits der deutsche Name auf diese Besonderheit hin.
<u>Die Farbe des Panzers</u> ist Veränderungen unterworfen, die von verschiedenen Faktoren abhängig sind.
Junge Schmuckschildkröten beispielsweise sind grasgrün gefärbt, während ausgewachsene Tiere einen schwarzbraunen Panzer haben. Auch bei vielen anderen Arten verändert sich mit dem Älterwerden die Panzerfärbung, wenn auch

**Die Dosenschildkröte hat im Bauchpanzer vorne und hinten je ein Scharniergelenk, das sie hochziehen kann.**

## SCHNABEL UND KRALLEN

**Bei Gefahr und im Schlaf verschließt sie mit Hilfe der Scharniergelenke alle Körperöffnungen.**

nicht ganz so drastisch wie bei der Schmuckschildkröte.

In Menschenobhut sind Schildkröten fast immer blasser gefärbt als Tiere in ihrem natürlichen Lebensraum, bei denen die Farben leuchtender und intensiver erscheinen. Dies liegt beispielsweise am Einfluß des natürlichen Sonnenlichtes, an der vielfältigen Ernährung und am Gelände, das der Schildkröte eine »Panzerpolitur« an Steinen, Dornen und Wurzeln ermöglicht.

### Schnabel und Krallen

Schnabel: Statt der Zähne besitzen Schildkröten scharfe Hornscheiden, mit denen sie Pflanzen leicht zerhäckseln und tierisches Material zerschneiden können. Die Hornscheiden wachsen ständig nach. Da die Kiefer große Kraft entwickeln, können vor allem größere Exemplare von Sumpf- und Wasserschildkröten den Menschen »bis aufs Blut« beißen. Manchmal sind die Hornscheiden an der Spitze hakenförmig gegeneinander gekrümmt. Bei einigen Arten wie z.B. *Cyclemys mouhoti* (→ Seite 46) ist nur die Spitze des Oberkiefers verlängert und dient als Kletterhilfe. Bei vielen Landschildkrötenarten sind die Hornscheiden wie ein Messer gezähnt. So können die Tiere auch hartfaserige Pflanzenteile leicht durchtrennen.

Krallen: Sie wachsen ebenso wie die Hornscheiden ständig nach. Achten Sie auf einen harten Untergrund im Terrarium und in der Freianlage, damit sich die Krallen gut abnutzen können (→ Seite 50 bis 63).

Mit zu langen Krallen bleibt die Schildkröte in Ritzen hängen und kann sich dabei die Nägel aus dem Nagelbett reißen. In solch einem Fall entstehen manchmal schlimme Entzündungen, die der Tierarzt behandeln muß.

## VERSTEHEN LERNEN UND BEOBACHTEN

# Richtiges Eingewöhnen

Eine neu erworbene Schildkröte sollte zunächst in Quarantäne, bevor Sie sie im eigentlichen Terrarium/Aquarium unterbringen (→ Seite 58), selbst wenn sie rein äußerlich und vom Verhalten her kerngesund wirkt. Einen Wurmbefall oder eine Infektion jedoch können Sie der Schildkröte nicht auf den ersten Blick ansehen. An den ausgeschiedenen Wurmeiern infiziert sich die Schildkröte im Terrarium oder Aquarium ununterbrochen von neuem und Infektionskrankheiten können auf Artgenossen übertragen werden.

### Vorab ein Bad!

Bevor Sie die Schildkröte in Quarantäne geben, sollten Sie ihr ein ausgiebiges Bad gönnen. Untersuchen Sie Ihre Schildkröte dabei nochmals eingehend auf Schäden und Parasiten. Vor allem in den Hautfalten können sich Zecken oder Milben einnisten (→ Zeichnung, Seite 66).

Land- und Sumpfschildkröte setzen Sie am besten in eine ausreichend große Schüssel, die nur soweit mit 26 °C warmem Wasser gefüllt ist, daß der Kopf der Schildkröte auf jeden Fall über den Wasserspiegel hinausragt. Während des Badens kann das Tier trinken, und mit der Zeit lösen sich auch Schmutzreste vom Körper. 10 bis 20 Minuten »Badezeit« sind in der Regel ausreichend.

Eine Wasserschildkröte sollte ebenfalls baden, bevor sie in das Quarantäneaquarium gesetzt wird. So bleibt das »Schwimmbadwasser« im Terrarium/Aquarium länger sauber.

Nach dem Bad setzen Sie die Schildkröte ins Quarantäneterrarium bzw. -aquarium und

»Liebe geht durch den Magen«. Auch eine noch scheue Schildkröte läßt sich durch frisches Futter aus ihrem Versteck locken.

# KOTPROBEN NEHMEN

**An sehr heißen Sommertagen graben sich Landschildkröten in der Freianlage gerne in den Boden ein.**

lassen sie erst einmal in ihr Versteck ziehen.
Eine Landschildkröte sollten Sie zuvor abtrocknen, denn dem gestreßten Tier könnte Körperwärme durch die Verdunstung des Wassers entzogen werden. In ihrem Versteck darf die Schildkröte solange verweilen, bis sie freiwillig wieder hervorkommt. Sie kön-

nen den Prozeß beschleunigen, indem Sie ihr täglich frisches Futter anbieten.

## Kotproben nehmen

Der Kot der Schildkröte gibt Aufschluß darüber, ob sie an Wurmbefall leidet. Lassen Sie den Kot vom Veterinäruntersuchungsamt oder von einem Tierarzt untersuchen. Infek-

## VERSTEHEN LERNEN UND BEOBACHTEN

tionskrankheiten oder andere Krankheiten können Sie nur durch genaues Beobachten des Verhaltens der Schildkröte feststellen (→ Seite 78).

Die Schildkröte muß so lange in Quarantäne bleiben, bis ihr Gesundheitszustand »amtlich« für einwandfrei erklärt wurde.

<u>So werden Kotproben genommen:</u> Besorgen Sie sich bei einem Tierarzt drei spezielle Behälter, deren Deckel jeweils mit einem Löffelchen ausgestattet sind. Nehmen Sie die Kotproben an drei aufeinanderfolgenden Tagen. Ein Tropfen Wasser je Behälter verhindert, daß die Probe austrocknet und damit für eine Untersuchung wertlos wird. Die älteste Probe darf nicht älter als fünf Tage sein, wenn sie beim Tierarzt ankommt.

Bis dahin werden die Proben im Kühlschrank aufbewahrt, damit sie nicht verschimmeln, sonst sind sie für eine Untersuchung ebenfalls unbrauchbar.

**Hinweis:** Schildkröten sondern einen weißen bis gelblichen, manchmal rosigen, sämigen bis bröckeligen Urin ab. Er ist jedoch für eine parasitologische Untersuchung ungeeignet.

Der Urin wird gelegentlich gesondert vom Kot, oft aber auch zusammen mit Kot abgegeben.

### Das Zusammengewöhnen mit Artgenossen

Da Schildkröten von Natur aus Einzelgänger sind, ist es besonders wichtig,

> **TIP**
>
> Um die Schildkröte sicher beipielsweise zum Tierarzt zu transportieren, sollen Sie das Tier in einen Beutel aus Baumwolle oder Nessel setzen. Legen Sie den Beutel samt Schildkröte – Panzer nach oben – in einen Karton. Im Winter sorgt eine Wärmflasche unter dem Beutel dafür, daß sich das Tier nicht erkältet.

Kehren Sie die Nähte des Transportbeutels nach außen, damit sich das Tier nicht in den Fäden verheddert.

## AN ARTGENOSSEN GEWÖHNEN

**Im Winter sollten Sie eine Wärmflasche unter den Stoffbeutel legen, damit sich das Tier nicht erkältet.**

daß jedes Tier im Terrarium/Aquarium genügend Platz hat, und ausreichend Verstecke bzw. Sonneninseln vorhanden sind. Nur dann kommt es nicht zu Rangeleien. Am besten ist es, jeweils 1 bis 2 Inseln und Verstecke mehr als Schildkröten im Terrarium/Aquarium leben, anzubieten.

Ein »alteingesessenes« Tier, dem eine neu erworbene Schildkröte dazugesellt wird, verteidigt manchmal sein Revier – also das gesamte Terrarium/Aquarium – heftig gegen den Neuling. Es kann sogar soweit kommen, daß der Neuling so eingeschüchtert wird, daß er nicht mehr aus seinem Versteck herauskommt und auch nicht frißt.

In solch einem Fall wird das alteingesessene Tier für etwa 14 Tage ins Quarantäneterrarium - oder aquarium geschickt (→ Seite 58). Währenddessen kann sich das neu erworbene Tier im Terrarium/Aquarium einleben. Dadurch gewinnt es an Sicherheit und läßt sich nicht mehr so leicht einschüchtern. Sollte es trotz aller Vorsicht zu nicht enden wollenden Kämpfen kommen, bleibt Ihnen nichts anderes übrig, als die Schildkröten auf Dauer zu trennen.

**Hinweis:** Hilfreich für das Zusammengewöhnen ist im Sommer der Aufenthalt in einer Freianlage. In dieser naturnahen Umgebung können sich die Tiere sehr viel leichter aus dem Weg gehen und voreinander verstecken.

Es gibt Fälle, in denen manche Schildkröten nur zur Paarungszeit relativ problemlos ein Terrarium/Aquarium mit einem Artgenossen teilen.

Beachten Sie stets, daß die Männchen zur Paarungszeit die Weibchen besonders intensiv verfolgen.

Auch in einem großzügigen Terrarium oder einer Freianlage hat das Weibchen keine Chance, dem Männchen auf Dauer zu entkommen. Über den Geruchssinn stöbert das Männchen das Weibchen immer wieder auf, so daß Sie das Männchen vorübergehend entfernen müssen.

## VERSTEHEN LERNEN UND BEOBACHTEN

# Beobachten und Beschäftigen

Für ausgiebige Schmusestunden sind Schildkröten nicht die richtigen Heimtiere. Doch Schildkrötenhalter können intensiv die interessanten Verhaltensweisen ihres Pfleglings studieren. Voraussetzung dafür ist allerdings, daß Sie Ihrer Schildkröte Abwechslung im Terrarium bzw. Aquarium bieten. Es ist auch möglich, einen ganz persönlichen Kontakt zu den urtümlichen Reptilien herzustellen. Sie werden handzahm, wenn man sich regelmäßig mit ihnen beschäftigt, und lernen, auf Zuruf herbeizukommen, um sich ihr Futter abzuholen.

### Das Versteckspiel

Auf der Suche nach Nahrung legen Landschildkröten in der Natur weite Strecken zurück. Im Terrarium ist der Raum begrenzt und eine Futtersuche nicht nötig, denn das Tier wird ja von Ihnen mit Nahrung versorgt. Dennoch kann man auch im Terrarium die Schildkröte »auf Trab« halten und dazu ihren guten Geruchssinn fordern.
Verstecken Sie neben der normalen Futterration verschiedene Leckerbissen, wie Löwenzahn- oder Gänseblümchenblüten, Salatblätter, ein kleines Stück Banane, ein Stück Tomate oder etwas Petersilie, an verschiedenen Stellen im Terrarium z.B. hinter einem Stein, auf einer Wurzel. Je besser das Terrarium strukturiert ist und je mehr Versteckmöglichkeiten es gibt, umso interessanter wird es für die Schildkröte. Vom Geruch der begehrten Futterbrocken geleitet, wird sich Ihre Landschildkröte sofort auf die Wanderschaft machen. Auf diese Weise können Sie Ihre Schildkröte – je nach Leckerbissenvorrat – über Stunden im Terrarium beschäftigen.
**Hinweis:** Um der Schildkröte genügend Bewegung zu verschaffen, ist es nicht sinnvoll, ihr in der Wohnung Freilauf zu gewähren. Die Gefahr, daß sie sich durch Zugluft erkältet und schließlich an den Folgen stirbt, ist zu groß (→ Seite 78).
Auch Sumpf- und Wasserschildkröten lassen sich gerne durch Leckerbissen zu Fitneßübungen anregen.
Basteln Sie einen »Mehlwurmspender«. Bohren Sie in eine 20 cm lange Plexiglasröhre eine waagrechte Reihe 2 mm großer Löcher. Hängen Sie die Röhre mit Hilfe von zwei Drähten so über dem Wasser auf, daß die Löcher nach

## DIE SCHILDKRÖTE FIT HALTEN

**Schmusestunde. Doch sollten Sie Katze und Schildkröte nie ohne Aufsicht zusammenkommen lassen.**

unten zeigen. Geben Sie einige Mehlwürmer in den Behälter und verschließen Sie die Seiten mit je einem Korken. Die Mehlwürmer winden sich solange in der Röhre, bis sie die Löcher entdeckt haben. Sie versuchen nun, sich ins Freie zu zwängen und fallen in unregelmäßigen Abständen ins Wasser. Dort freut sich die Schildkröte bereits über den unplanmäßigen Leckerbissen. Da die Schildkröte nicht weiß, wann genau der nächste Leckerbissen ins Wasser »regnet«, wird sie aufmerksam lauern, bis die nächste Fleischration herabfällt und sich dann flink den Mehlwurm holen.

## VERSTEHEN LERNEN UND BEOBACHTEN

**Hinweis:** Mehlwürmer sind leicht zu züchten oder im Zoofachhandel zu kaufen. Sie sollten Mehlwürmer aber nicht als Hauptnahrung für Ihr Tier verwenden.

### Schildkröten handzahm machen

Futter spielt im Leben einer Schildkröte die Hauptrolle. Deshalb hilft vor allem ein Leckerbissen, um sie herbeizulocken und handzahm zu machen.

Finden Sie durch Beobachten heraus, was zu den Lieblingsspeisen Ihrer Schildkröte gehört. Nehmen Sie den Leckerbissen zwischen Daumen und Zeigefinger und halten Sie ihn Ihrer Landschildkröte vor den Schnabel, Wasserschildkröten den Futterbrocken auf die Wasseroberfläche halten.

Die Schildkröte wird zunächst vorsichtig das Futter beriechen, an dem jetzt außerdem der Geruch Ihrer Hand haftet. Dann beginnt sie zaghaft am Futter zu fressen. Vermeiden Sie währenddessen jede abrupte Bewegung, sonst erschreckt sich die Schildkröte und verliert das Vertrauen zu Ihnen. In der Regel gewöhnen sich jedoch die meisten Schildkröten schnell an Ihre Hand bzw. an Sie als Person. Mit Ihrem Auftauchen wird die Schildkröte in Zukunft ein angenehmes Erlebnis, nämlich, daß es etwas Leckeres zu fressen gibt, verbinden.

**Hinweis:** Es ist schwer zu sagen, wie lange es dauert, bis eine Schildkröte handzahm wird. Dies hängt davon ab, ob eine Schildkröte schon an Menschen gewöhnt war, bevor sie in Ihren Besitz gelangte und gute Erfahrungen ge-

**Die Schildkröte sieht in der Nähe schlecht. Da kann sie schon einmal aus Versehen in Ihren Finger beißen, statt in den Löwenzahn.**

## Lernt eine Schildkröte auf ihren Namen zu hören?

Manche Schildkröten erkennen am Klang deiner Stimme und an deinem Tonfall, daß sie gemeint sind, wenn du sie rufst. Doch eine Schildkröte hört nicht so gut wie etwa ein Hund. Deine Schildkröte vernimmt am deutlichsten tiefe Töne. Daran mußt du denken, wenn du ihr einen Namen gibst. Du solltest einen Namen wählen, der viele »O's« oder »U's« enthält, aber keine hell klingenden Buchstaben wie zum Beispiel das »I«. Sandra hat ihre Landschildkröte selbst ihren Namen aussuchen lassen. Sie setzte sich etwa einen Meter vor das Tier auf die Wiese. Dann las sie ihm langsam Namen vor, die sie auf einen Zettel geschrieben hatte: Goliath, Tutu, Otto, Bobo, Gunda, Monika, Konrad, Mona. Was glaubst du, welchen Namen sich die Schildkröte ausgesucht hat? Als Sandra das zweite Mal die Namen vorlas, kam die Schildkröte auf Sandra zugelaufen. Gerade hatte sie Otto gesagt. Also hieß Sandras Landschildkröte ab sofort Otto. Doch die Schildkröte wußte natürlich nicht, daß sie sich einen Namen aussuchen sollte. Vielmehr entdeckte sie die Löwenzahnblüte, die Sandra während des Vorlesens abgezupft hatte. Löwenzahn ist Ottos Lieblingsspeise.

macht hat. Manche Schildkröten verlieren allerdings ihre natürliche Scheu nie oder sie werden im Sommer, während der Haltung in der Freianlage, wieder scheuer.

### Kleine Dressurübungen

Wenn Sie feststellen, daß Ihnen Ihre Schildkröte gerne aus der Hand frißt, können Sie versuchen, ihr weiterführende »Kunststücke« beizubringen.

Auf die Hand klettern: Legen Sie sich einen Leckerbissen auf die Handwurzel (Puls). Halten Sie die geöffnete Hand so vor die Schildkröte, daß sie sie als Rampe nutzen kann, um an das begehrte Futter zu kommen.

Auf Lautgebung kommen: Die Schildkröte kann vor allem tiefe Töne gut hören. Es ist möglich ihr beizubringen, z. B. auf den Ton einer Glocke hin oder bei tiefen Tönen eines Musikinstruments zur Fütterung zu kommen. Diese Demonstration ist besonders wirkungsvoll, um Gäste zu verblüffen. Sie sollten aber nicht enttäuscht sein, wenn dieser »Dressurakt« bei Ihrer Schildkröte nicht klappt. Manche bleiben »unbestechlich«, sind aber deshalb nicht weniger liebenswert.

## VERSTEHEN LERNEN UND BEOBACHTEN

# Haltungsprobleme richtig lösen

Schildkröten sind sehr duldsame Heimtiere. Zu Problemen kommt es meist durch Haltungsfehler oder mangelnde Information über die Bedürfnisse des Tieres.

### An der Scheibe enlanglaufen bzw. schwimmen

Situation: Die Schildkröte läuft oder schwimmt stunden- oder tageweise an der Terrarienscheibe hin und her.
Mögliche Ursachen:
**1.** Haben Sie Ihre Schildkröte soeben in ein Terrarium gesetzt, das ihr neu ist, erkundet sie nun ausgiebig das noch unbekannte Revier. Dieses Verhalten muß nach 1 bis 2 Tagen aufhören.
**2.** Haben Sie vor kurzem etwas an der technischen Einrichtung oder der Dekoration geändert, oder haben Sie gründlich sauber gemacht?
Dann könnte es zu warm, zu trocken oder zu laut im Vergleich zu vorher geworden sein. Ungünstig wirken sich auch starke Gerüche und Vibrationen aus (→ Seite 94).
**3.** Leben mehrere Schildkröten im Terrarium/Aquarium? Im Laufe des Wachstums, vor allem bei Eintreten der Geschlechtsreife, kann ein Tier über das andere dominieren und durch seine bloße Gegenwart (oder in Paarungsabsicht) das andere bedrängen. Das bedrängte Tier wird dann unruhig und sucht sein Heil in der Flucht, was ihm natürlich in einem Terrarium/Aquarium unmöglich ist.
**4.** Besitzen Sie ein halbwüchsiges oder erwachsenes Weibchen? Auch ohne Männchen bildet das Weibchen manchmal unbefruchtete Eier aus. Wenn es keine Gelegenheit hat, die Eier abzulegen, gerät es in Legenot (→ Seite 85). Dies führt zu gesteigertem unruhigen Verhalten.
Abhilfe:
Zu **1**: Lenken Sie das Tier durch Anbieten geeigneter Verstecke und mit frischem Futter ab. Nach 1 bis 2 Tagen kommt es von selbst zur Ruhe.
Zu **2**: Überprüfen Sie die Klimaansprüche (→ Seite 30 bis 47). Zum Nachmessen präzise Thermometer verwenden! Vermeiden Sie Vibrationen, indem Sie technische Geräte an der Wand befestigen oder auf einem Nebentisch plazieren. Manchmal genügt auch eine starke Schaumstoffschicht als Unterlage.
Stellen Sie fest, ob starke Gerüche, wie z. B. Desinfektionsmittel oder Aromadüfte (ätherische Öle), die Schildkröte in Unruhe versetzt haben könnten.
Zu **3**: Trennen Sie die Tiere zunächst für die Dauer der Fortpflanzungsperiode. Sollte sich auch im Spätsommer und Herbst die Situation nicht ändern, müssen Sie die Tiere unter Umständen auf Dauer trennen.
Zu **4**: Sorgen Sie unbedingt sofort für eine Eiablagemöglichkeit (→ Seite 89).

### Tagelang im Versteck bleiben

Situation: Die Schildkröte verkriecht sich tagelang in ihrem Versteck.
Mögliche Ursachen:
**1.** Neu erworbene Tiere brauchen eine Zeitlang, um sich an ihre neue Umgebung zu gewöhnen. Dieses Verhalten ist normal.
**2.** Die Schildkröte ist möglicherweise nachtaktiv und versteckt sich nur tagsüber.
**3.** Die Schildkröte könnte sich auf die Winterruhe vorbereiten. Die Russische Landschildkröte zeigt dieses Verhalten auch im Sommer (→ Seite 65).

# HALTUNGSPROBLEME LÖSEN

**4.** Das Verhalten ist auch für eine kranke Schildkröte typisch.

Besonders aufmerksam sollten Sie werden, wenn das Tier leichtgewichtig und schwach ist, beim Atmen keucht und/oder gelegentlich übelriechenden Kot abgibt.

Abhilfe:
Zu **1**: Lassen Sie das Tier 1 bis 2 Tage in Ruhe und bieten Sie ihm frisches Futter an (→ Seite 70).
Zu **2**: Überprüfen Sie, ob Ihre Schildkröte wirklich nachtaktiv ist (→ Schildkrötenporträts, Seite 30 bis 47).
Akzeptieren Sie den Lebensrhythmus Ihrer Schildkröte. Lassen Sie sie tagsüber ungestört und bieten Sie ihr erst abends oder früh morgens Futter an.
Zu **3**: Überprüfen Sie, ob Ihre Schildkröte eine Winterruhe halten möchte (→ Seite 30 bis 47). Wenn ja, sollten Sie sofort die einleitenden Maßnahmen ergreifen (→ Seite 65).
Zu **4**: Bei einem kranken Tier sollten Sie nicht zögern, einen Tierarzt aufzusuchen. Für den Fall, daß der Kot übel riecht, nehmen Sie am besten eine Kotprobe mit (→ Seite 106).

## Zu lange Ruhezeiten unter dem Spotstrahler

Situation: Es kann vorkommen, daß Ihre Schildkröte länger als gewohnt (normalerweise etwa 1 bis 2 Stunden täglich) im Kegel des Spotstrahlers liegt.
Mögliche Ursachen:
**1.** Ist die Schildkröte lebhaft und bei gutem Appetit, könnte das Klima außerhalb der Wärmezone kälter sein, als für die jeweilige Schildkörtenart empfohlen (→ Seite 30 bis 47).
**2.** Erscheint sie noch dazu »schlapp« und frißt nicht, ist sie wahrscheinlich krank.

Abhilfe:
Zu **1**: Überprüfen Sie die empfohlenen Haltungstemperaturen (→ Seite 30 bis 47).
Zu **2**: Eine kranke Schildkröte versucht durch »heraufschrauben« der Körpertemperatur die körpereigenen Abwehrkräfte zu aktivieren. Vor allem bei jungen Schildkröten besteht die Gefahr einer Austrocknung. Vorsicht auch bei einer Bestrahlung mit einer neuen UV-Lampe. Bei zu langer Bestrahlungsdauer und/oder zu kurzer Entfernung zur Lampe sind dann Schäden durch Sonnenbrand auf Haut und Augen möglich. Lassen Sie sich im Zweifelsfall von einem Tierarzt beraten.

## Die Schildkröte frißt Sand und Kies

Ursache: Auch bei der Nahrungsaufnahme in der Natur gerät immer wieder Sand in den Magen der Schildkröte. Dies beeinträchtigt sie in kei-

**Wem es gelingt, den Unterlegenen auf den Rücken zu werfen, ist Sieger**

## VERSTEHEN LERNEN UND BEOBACHTEN

ner Weise. Doch in der Obhut des Menschen ist immer wieder zu beobachten, daß vor allem Wasserschildkröten Kies verschlucken. Nehmen sie zuviel davon auf, kann es zu einer lebensgefährlichen Darmverstopfung kommen.
Abhilfe: Ändern Sie unbedingt sofort den Bodengrund, indem Sie feinen Sand statt Kies einfüllen.
Füttern Sie häufig und ballaststoffreich, damit die Steine im Darm »eingepackt« und besser ausgeschieden werden können. Bieten Sie zugleich Kalk- und Spurenelemente in verstärktem Maß mit dem Futter an (→ Seite 72).

### Die Schildkröten beißen einander

Situation: Zwei und mehr Schildkröten im Terrarium bzw. Aquarium verfolgen, beißen und verletzen sich.
Ursachen:
**1.** Sie besitzen ein Pärchen derselben Art oder verwandter Arten, das geschlechtsreif ist. Dann könnte es sich um ein Paarungsverhalten handeln, vor allem, wenn dieses Verhal-

**Groß und klein kommen gut miteinander aus, sollten jedoch nicht gemeinsam gefüttert werden (→ Seite 75).**

ten zwischen den Monaten April und Juli auftritt.
**2.** Wenn Sie Tiere unterschiedlicher Art besitzen, eventuell auch nur Männchen, kann es zu aggressivem Verhalten aus den verschiedensten Ursachen kommen. Einmal fechten die Männchen oft Rivalitätskämpfe aus. Zum anderen kann ein Männchen mit ausgeprägtem Sexualtrieb

# HALTUNGSPROBLEME LÖSEN

Die Vierzehen-Schildkröte hat sich erschreckt. Sofort zieht sie ihren Kopf in den schützenden Panzer zurück.

ein anderes Männchen mit schwächerem Sexualtrieb als Weibchen ansehen und versuchen, es durch entsprechende Paarungsvorspiele gefügig zu machen. Dazu können auch Bisse gehören. Dabei kann es zu tödlichen Verletzungen kommen, weil die entsprechenden Fluchtmöglichkeiten fehlen.
Abhilfe: Kommt es immer wieder zu Kämpfen, müssen Sie sowohl unverträgliche Paare als auch rivalisierende Männchen trennen.

## Die Schildkröte häutet sich

Situation: Die Schildkröte verliert an allen Weichteilen Haut in größeren Fetzen.
Ursachen: Bei einer Landschildkröte handelt es sich um eine krankhafte Erscheinung, der unter anderem eine Fehlernährung mit Vitaminen zugrunde liegen kann (→ Seite 84). Auch eine zu intensive UV-Bestrahlung kann die Ursache sein.
Bei Wasserschildkröten ist die Häutung dagegen eine normale Erscheinung, die regelmäßig ein- bis zweimal jährlich zu beobachten ist. Allerdings muß unter der abgestorbenen Haut eine frische, völlig intakte neue Hautoberfläche zu sehen sein.
Abhilfe: Bei Ihrer Landschildkröte vermeiden Sie am besten jede weitere UV-Beleuchtung und stellen das Tier dem Tierarzt vor. Bei der Wasserschildkröte sollten Sie die

## VERSTEHEN LERNEN UND BEOBACHTEN

### Auf dem Panzer wachsen Algen

Situation: Vor allem auf den Panzern von Wasserschildkröten wachsen blaugrüne oder grüne Fadenalgen, die wie ein grüner »Pelz« anmuten.
Ursache: Bei Landschildkröten ist diese Erscheinung so gut wie nie anzutreffen. Bei Wasserschildkröten hingegen tritt sie vor allem dann auf, wenn sie in einem Freilandterrarium, Gartenteich oder in einem Zimmeraqarium mit starker Sonneneinstrahlung gepflegt werden.
Abhilfe: Das Algenwachstum auf dem Panzer ist ungefährlich, bei Wasserschildkröten vor allem deshalb, weil sie ihren Panzer ein- bis zweimal jährlich abstoßen. Allerdings versperrt ein solcher »Algenrasen« die Sicht auf die Panzeroberfläche. Deshalb wird es für Sie besonders schwierig, mögliche Schäden und Erkrankungen zu erkennen. Beobachten Sie aus diesem Grund Ihr Tier sehr sorgfältig.

### Abgestorbene Embryos in den Eiern

Geübte Terrarianer können schon in den ersten Tagen erkennen, ob ein Schildkrötenei befruchtet ist oder nicht. Nach 3 bis 4 Wochen gelingt es in der Regel jedoch auch dem Laien, die Befruchtung eindeutig festzustellen.
Halten Sie das Schildkrötenei (selbstverständlich immer mit der Markierung nach oben → Seite 89) zwischen Daumen und Zeigefinger vor eine starke Lichtquelle, z.B. eine Schreibtischlampe.
Befruchtete Eier sind in einem anfänglichen Entwicklungsstadium an ihren Blutgefäßen im Inneren zu erkennen, später an ihrem ziemlich dunklen Innenbereich.
Unbefruchtete Eier zeigen zwei unterschiedlich helle Bereiche, nämlich eine ganz helle Luftblase und eine etwas dunklere Partie, die aus einem trockenen Dotter besteht.
Während unbefruchtete Eier durch Austrocknung langsam leichter werden, nehmen befruchtete Eier beständig an Gewicht zu.
Ursache: Wenn ein Embryo im Ei abstirbt, hat dies in der Regel nichts mit der künstli-

**Die kleine Landschildkröte ist erst wenige Tage alt und wiegt schon 20 Gramm.**

Haut auf Unversehrtheit überprüfen und im Zweifelsfall einen Tierarzt aufsuchen.

# HALTUNGSPROBLEME LÖSEN

## Wie kannst du deiner Schildkröte eine Freude machen?

Wenn du deiner Schildkröte etwas Gutes tun möchtest, sorgst du am besten dafür, daß ihr Terrarium oder Aquarium immer sauber ist. Damit es ihr nicht langweilig wird, sollest du ihr mehrere Verstecke einrichten. Landschildkröten verkriechen sich gerne unter Wurzeln, Wasserschildkröten lieben es, sich auf einer sicheren Insel, zum Beispiel auf einem Stück Treibholz, zu sonnen. Von dort können sie schnell ins Wasser flüchten. Baue deiner Landschildkröte Hindernisse mit Steinen oder dicken Ästen. Verstecke ihr auch Futter im Terrarium. Dann ist sie für eine ganze Weile beschäftigt. Wasserschildkröten freuen sich über einen Moorkienholzast im Wasser, den du im Zoogeschäft kaufen kannst. Füttere deine Schildkröte immer mit frischem Futter.

### Hornplatten lösen sich vom Panzer

Situation: Die Landschildkröte hat lockere Hornplatten am Panzer, unter denen eine wäßrig rosige Flüssigkeit zu sehen ist, die bei Druck auf die Hornplatte zu bewegen ist. Bei der Wasserschildkröte lösen sich einzelne Hornplatten, manchmal auch der gesamte Rückenpanzer auf einmal.

Ursachen: Bei der Landschildkröte handelt es sich um eine krankhafte Ursache, möglicherweise um eine bakterielle oder Pilzinfektion. Bei der Wasserschildkröte ist das Abstoßen von Hornschichten ein- bis zweimal jährlich normal, wenn die neue Hornschicht darunter unversehrt ist.

Abhilfe: Gehen Sie mit der Landschildkröte umgehend zum Tierarzt. Setzen Sie das Tier während der Behandlung in ein Quarantäneterrarium und desinfizieren Sie das Gehege. Für die Wasserschildkröte ist diese Maßnahme nur im Fall einer Erkrankung notwendig, wenn z. B. unter der frisch abgestoßenen Hornplatte dasselbe zu beobachten ist, wie für die Landschildkröte beschrieben.

chen Erbrütungsmethode zu tun (→ Die Eier künstlich erbrüten, Seite 88). Vielmehr liegt es oft daran, daß das Muttertier unzureichend mit Vitaminen oder anderen lebenswichtigen Stoffen versorgt war und der Embryo durch den Mangel dieser Stoffe im Ei schwach bleibt und letztlich abstirbt. Das kann sogar noch unmittelbar vor dem Schlupf geschehen. Sollten Sie derartiges erleben, überprüfen Sie bitte Ihre Haltung genau und verbessern Sie die Versorgung mit Vitaminen, Spurenelementen und natürlichem Sonnenlicht für das Muttertier.

**A** ALLGEMEIN WICHTIGES

# Meine Schildkröte

Hier ist Platz für das Lieblingsfoto.

_____
Name

## SCHILDKRÖTEN-STECKBRIEF

Geboren am

Züchter

Lateinischer Name

Geschlecht

Gewicht am

Besondere Kennzeichen

Lieblingsfutter

Besondere Verhaltensweisen

Tierarzt, Name, Adresse

# ALLGEMEIN WICHTIGES

Die **halbfett** gesetzten Seitenzahlen verweisen auf Farbfotos und Zeichnungen.

**A**llergie 16
Alter 8, 16
Amboina-
Scharnierschildkröte 42, **43**
Amerikanische
Sumpfschildkröten 68
Amöben 78
Aquarien
 -einrichtung 55
 -größe 55
 -pumpe 56, 57
 -standort 57
Aquarium
 – für Wasserschild-
   kröten **54**, 55
 –, Quarantäne- 58
Artenschutz 24
Atemnot 81
Atemwege 29
Aufwachen aus der
 Winterruhe 66, 68, **98**, 99
Aufzucht der Jungtiere 91
Aufzuchtfutter 91
Augen 29, 98
 –, geschwollene 83
Ausstattung 50 - 63

**B**adebecken 50, 52, 53, **54**, **57**, 59
Baden 104

Bakterien 78
 -infektion 81
Bauchnabel 91
Befruchtung der Eier 88
Bepflanzung 53, 55, 61, 62
Beleuchtung 53, 54, 57
Belüftung 56
Beschäftigungs-
 möglichkeiten 108 -111
Blandings-
 Sumpfschildkröte 39
Blasenstein 81, 82
Breitrand-
 schildkröte 32, **32**, **33**
Brutdauer 91
Brutkammer 89
Bodengrund 52, 54, 55, 57, 65
Bunte Erdschild-
 kröte 26, 37, **37**

**C**hinemys reevesii 41, **41**
*Chelodina longicollis* 45, **45**
Chinesische
 Dreikielschildkröte 41, **41**
*Chrysemys*
 – *concinna hieroglyphica* 40
 – *picta* 44, **44**
 – *scripta elegans* **2/3**, 9, 39, **39**
 – *troosti* 40
CITES-Papiere 26, 27
*Clemmys*
 – *guttata* 8, 40, **40**
 – *insculpata* 38, 39
 – *rivulata* 38

*Cuora*
 – *amboinensis* 42, **43**
 – *flavomarginata* 42, **43**
*Cyclemys*
 – *dentata* 47
 – *mouhoti* 37, 46, **46**

**D**ekoration 52, 53, 55
Dickkopfschildkröte 47, **47**, **95**
Dickhalsschildkröte 42, **43**
Dornrand-
 Weichschildkröte 43, 44
Dosen-
 schildkröte 11, **102**,**103**
Dottersack 91
Dotter 116
Durchfall 82

**E**iablage 89
Eier, Befruchtung der 88
Eier, mißgebildete 85
Eier,
 Künstliche Erbrütung der 88
Eingraben **105**
Einzelhaltung 16
Embryos, abgestorbene 116
*Emidoidea blandingi* 39
*Emydura albertisii* 41
*Emys orbicularis* 38
Erbrütung, künstliche 88
Ernährung 16, 70 - 77
Europäische
 Sumpfschildkröte 38

120

# REGISTER A BIS H

**F**alsche Landkarten-
  höckerschildkröte 42
Farbe des Panzers 102
Filter 56, 62
Fleischfresser 70
Fleischkost 70
Fortbewegung 29
Fortpflanzung 18, 57
Freianlage 15, 16
 – auf dem Balkon **62**, 63
 – für Landschild-
   kröten 58, **60**
 – für Wasserschild-
   kröten 9, **61**, 62
Frühbeet 60, 61
Fundtier 25
Füße 15
Futter 70 – 77
 -menge 74
 -platz 61
 -raufe **75**
 –, Spezial- 75
 -zusätze 72
Fütterungsregeln 77

**G**elbrand-
  Scharnierschildkröte **42**, 43
Gelbwangen-
  Schmuckschildkröte 40
Gelenke,
  geschwollene 81, **82**

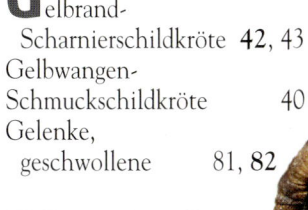

**Mit Tomaten kann die Landschildkröte ihren Durst stillen.**

*Geoemyda spengleri* 47
Geruchssinn 98
Geschlechtspartner 98
Geschlechtsreife 86
Geschlechts-
  unterscheidung 18, **18**
Gesundheitstest 29
Gesundheitsvorsorge 78
Gesundheitzustand 28, 29
Gewichtskontrolle 66, **70**,
  74, **116**
Gewichtsverlust 65
Gicht 82
Giftpflanzen 70
Glattrandgelenk-
  schildkröte 34, **34**
Graben 94
*Graptemys*
 – *kohnii* 41, **41**
 – *pseudographica* 42
Griechische
  Landschildkröte 21, 30, **31**
Großkopfschildkröte 11
Größe
 – des Terrariums 50, 53
 – des Aquariums 55
Grundspeiseplan 73

**H**als 11
Halsberger-Schildkröte **115**
Halswenderschildkröte 37
Haltung,
  Unterschiede in der 51
Haltungstemperatur 51
Haltungsprobleme 112 - 115
Handzahm machen **22**, 110
Harn,
  Veränderungen des 82
Harnsäureklumpen 81
Haut 29
 -ablösungen 82, 84, 115
Heimat der Schildkröten 8
Heimtiere,
  andere 20, **109**
*Heosemys*-Arten 37
Heizmatte 52
Heizung 55, 52, 53, 56
Herpesinfektion 81
Herzerkrankung 81
Hieroglyphen-
  schmuckschildkröte 40
Hören 98
Hörvermögen 98
Hormonmangel 85
Hornabschürfungen 83

# ALLGEMEIN WICHTIGES

| | |
|---|---|
| Hornscheiden | 11 |
| –, zu lange | **65**, **66** |
| Hunde | 20 |
| Hygiene | 78 |

**J**ungtiere,
Aufzucht der 91

**K**achuga smithii 41
Kalk 73
Kämpfen **113**
Kaspische Bachschildkröte 42
Kaspische
  Wasserschildkröte 38
Katzen 20, 62
Kauf 26, 28, 102
Kaufvertragsrecht 24
Kiefer 11, 65
*Kinixys*
  – *belliana* 34, **34**
  – *erosa* 36, **36**
  – *homeana* 34, **34**
Klappschildkröte 45

| | |
|---|---|
| Klettern | 96, 97 |
| Knochenhaut | 99 |
| Köhlerschildkröte | 36, **36** |
| Körperbau | 99 |
| Körpersprache | 94 |
| Kost | |
| –, pflanzliche | 70 |
| –, tierische | 70 |
| Kot | **83** |
| Kotproben nehmen | 105 |
| Krallen | 103 |
| – schneiden | 64 |
| –, zu lange | 64 |
| -zange | 64, **66** |
| Krankheiten | 81–85 |

**L**ebenserwartung 8, 16
Lebensraum, natürlicher 8
Legenot 85
Lederschildkröte 11
Lungenentzündung 81

**M**agenwürmer 78
Maul 10, 11
*Mauremys*
  – *caspica caspica* 42

| | |
|---|---|
| – (Clemmys) caspica leprosa | 42 |
| Maurische Landschildkröte | 32, **32** |
| Maurische Wasserschildkröte | 42 |
| Mäuse | 20 |
| Meerschweinchen | 20 |
| Meeresschildkröte | 9, 11 |
| Mietrecht | 25 |
| Milben | 29 |
| Mississippihöckerschildkröte | 41, **41** |
| Moschusschildkröte | 8, 38, **38** |
| Muhlenbergs Sumpfschildkröte | 91 |

**N**ager 20
Nahrung 70–77
–, pflanzliche 70
–, tierische 70
Nahrungsmenge 74, 77
Name,
  wissenschaftlicher 26
Nierenerkrankung 81

Das Vierzehen-Landschildkröten-Männchen macht seiner Angebeteten einen »Antrag«.

## REGISTER J BIS T

**O**hr 99
Ohrmuschel 99
Ödeme 81

**P**aarhaltung 16
Paarung **86/87**
Paarungstrieb 88
Paarungszeit 86
Parasiten 29, **66**
*Platemys platycephala* 37
Pantherschildkröte **14**
Panzer 11, 29, 99
 – einreiben 65
 –, Farbe des 102
 -form 11
 -verletzungen 83
Pflanzenfresser 70
Pflanzenkost 70
Pflege 65 – 69
 – des Zubehörs 68
 -fehler 112
Pilzinfektion 81
*Platysternon*
 *megacephalum* 47, **47**
Plattschildkröte 37
*Pyxidea mouhoti* 37

**Q**uarantäne 58
 -aquarium 59
 -terrarium 59

**R**echtsfragen 24
Riechen **94**, 98
*Rhinoclemys*
 *pulcherrima* 26, 37, **37**
Rotwangenschmuck-
 schildkröte **2/3**, 9, 39, **39**
Ruheplatz **55**, 57
Russische
 Landschildkröte 9, **26**, 33,
  **33**, 56

**S**ägerandschildkröte 47
Salmonellen 16
Samen 88
Scharniergelenk 101
Schildkröte, gesunde 28, 29
Schildkröten
 –, Landlebende 30 -36
 –, Wasserlebende 37 - 47
Schildkrötenarten 30 - 47
Schildkröten, fossile 11
Schildkröten und Kinder 21
Schildkröten
 unterscheiden lernen 14, 15
Schlangen 21
Schlangenhals-
 schildkröte 45, **45**
Schleimfäden **84**
Schlüpfen
 der Jungtiere 88, **89**, 91
Schmuck-Dosen-
 schildkröte 35, **35**, 102, 103
Schmuck-
 schildkröte 19, 35, **35**
Schnabel 103

Schnappschildkröte 27, **83**
Sehen 98, **110**
Sehvermögen 98, **110**
*Siebenrockiella*
 *crassicollis* 42, **43**
Sinnesleistungen 98
Skelett 99
Smith Dachschildkröte 41
Sommerruhe 16, 65
Sonnenbad 95
Sonnenplatz 27
Spaltschildkröte 11
Speiseplan 73
Spenglers
 Erdschildkröte 47, **47**
Spitzkopfschildkröte 41
Spotstrahler 53, 54, 57
Spurenelemente 72
Stachelrand-
 gelenkschildkröte 36, **36**
*Sternotherus*
 *odoratus* 8, 38, **38**
Stoffwechselstörung 102
Strahlen-
 schildkröte **16/17**, 85
Stutzgelenk-
 schildkröte 34, **34**
Sumpfterrarium 53

**T**errapene
 *ornata* 35, **35**
Terrarien
 – für Landschildkröten 5o
 – für Sumpfschildkröten 53
 -größe 50, 53
 -standort 57

123

# ALLGEMEIN WICHTIGES

Terrarium
– einrichten 52, 53
– für Landschild-
 kröten 50, **52**
–, Quarantäne- 59
– für Sumpfschild-
 kröten 52, 53
Testudo
– *carbonaria* 36, **36**
– *graeca* 32, **32**
– *hermanni* 21, 30, **31**, **56**
– *horsfieldii* 9, 26, 33, **33**
– *marginata* 32, **32**, 33
Tierschutz 25
Transport 106
-beutel 106, **107**
Trionyx
– *ferox* 43
– *spiniferus* 43, **44**
Trommelfell 99
Trockenfutter 7 2
Tropfenschildkröte 8, 40, **40**
Trittsteine 53

**Ü**berwinterung 16, 19, 57, 65
– der Landschildkröte 65
– von Wasser- und
 Sumpfschildkröten 66, **67**
Überwinterungskiste 66, **67**

**U**rlaub 16
Urin 82
Urlaubsvertretung 22, 23
UV-Strahler 57

**V**erhalten 15, 29
Vergiftung 81, **82**, 84
Verstopfung 81
Vierzehen-
 Landschildkröte 9, 26, 33, 33, 56
Vitamin-A-Mangel 83
Vitamin-A-Vergftung 84
Vitamin-D-Vergftung 84
Vitamine 72
Vollwertnahrung 75
Vorbeugemaßnahmen 78
– für Landschildkröten 78
– für Sumpfschildkröten 80
– für Wasserschildkröten 80

**W**achstumgs-
 geschwindigkeit 22
Wachstumsringe 22
Waldbachschildkröte 38, **39**
Wasserhöhe 52, 54, 62
Wärmesteine 50
Weichschildkröte 11, 27, 100
Winterruhe 16, 19, 57, 65
– beenden 66, 68
-platz 19
Wiegen 66, 70, 74, **116**

**Z**eckenzange 65
Zeitpunkt des Kaufs 28
Zierschildkröte 19, 44, **44**, **79**, 100
Zucht 86 - 91
Zugluft 57
Zusammengewöhnen
 mit Artgenossen 106
Zwergkaninchen 20

**Das Männchen drängt das Weibchen zur Paarung.**

## Adressen, die weiterhelfen

DGHT - Deutsche Gesellschaft für Herpetologie und Terrarienkunde e. V., Geschäftsstelle:
Andreas Mendt,
Locher Straße 18
D-53359 Rheinbach

Durch eine Mitgliedschaft in der DGHT kommen Sie in Kontakt mit anderen Schildkrötenfreunden, die im gesamten deutschsprachigen Raum, auch in der Schweiz und in Österreich in »Ortsgruppen« organisiert sind. Außerdem erhalten Sie durch zwei vereinseigene Fachzeitschriften neueste Informationen über die Haltung und Zucht von Schildkröten und eine regelmäßig erscheinende Zucht- und Nachfrageliste für Reptilien aller Art.

## Fragen zur Schildkrötenhaltung beantworten auch

Ihr Zoofachhändler und der Zentralverband Zoologischer Fachbetriebe Deutschlands e.V.,
63225 Langen,
Tel.: 06103/ 910732 (nur telefonische Auskunft möglich).

## Bücher, die weiterhelfen

Obst, F.J./Meusel, W.:
*Die Landschildkröten Europas.*
Westarp Wissenschaften, Magdeburg.

Nietzke, G.:
*Die Terrarientiere (Band 1 und 2).* Verlag EugenUlmer, Stuttgart.

## Zeitschriften, die weiterhelfen

»ELAPHE«
Zeitschrift der DGHT,
Locher Straße 18,
D-53359 Rheinbach

»SALAMANDRA«
Zeitschrift der DGHT,
Locher Straße 18,
D-53359 Rheinbach

»DATZ«
eugen Ulmer Verlag,
Postfach 705061,
D-70574 Stuttgart

»HERPETOFAUNA«
Herpeteofauna-Verlag,
Postfach 110,
D-71365 Weinstadt

»SAURIA«
Terrariengemeinschaft Berlin e. V., zu beziehen über:
B. Buhle
Planetenstraße 45
D-12057 Berlin

## Der Autor

Dr. Hartmut Wilke studierte Meeresbiologie und Fischereiwissenschaft an den Universitäten Mainz und Hamburg. Promotion über Fischkrankheiten. Von 1973 bis 1983 Leiter des Exotariums am Zoologischen Garten Frankfurt am Main. Seit 1983 über 14 Jahre Leiter des Zoologischen Gartens in Darmstadt. Der Autor hat aus dieser Zeit über 20 Jahre Berufserfahrung in der Schildkrötenpflege.

## Der Fotograf

Die Aufnahmen in diesem Buch stammen von Uwe Anders, mit Ausnahme der Fotos von Kahl: Seite 42 o., u., und Reinhard: Seite 36 u., 43.
Uwe Anders ist Diplombiologe und seit vielen Jahren als freier Naturfotograf und als Kameramann für Naturfilmproduktionen tätig. Er schreibt Artikel zu Naturthemen und unterrichtet an verschiedenen Institutionen Natur- und Reisefotografie. Im Gräfe und Unzer Verlag sind bereits zahlreiche Tier-Ratgeber mit seinen Aufnahmen erschienen.

## ALLGEMEIN WICHTIGES

### Die Zeichnerin
Renate Holzner arbeitet als freie Illustratorin in Regensburg. Ihr breites Repertoire reicht von Strichzeichnungen über fotorealistische Illustrationen bis hin zur Computergrafik.

### Die Fotos auf dem Buchumschlag und im Innenteil:
Umschlagvorderseite: Porträt einer Carolina-Dosenschildkröte (großes Foto); Strahlenschildkröte (kleines Foto).
Seite 2/3: Die Rotwangenschmuckschildkröte nimmt ein Sonnenbad.
Seite 6/7: Waldbachschildkröte im Teich einer Freianlage.
Seite 48/49: Die Griechische Landschildkröte holt sich Tomatenstücke von ihrem »Frühstücksbrett« aus Stein.
Seite 92/93: Landschildkröten können sehr zahm werden.
Umschlagrückseite: Eine Griechische Landschildkröte und eine Vierzehen-Landschildkröte.

### Dank
Autor und Verlag danken Herrn Reinhard Hahn für den Beitrag »Rechtsfragen zur Schildkrötenhaltung« sowie Frau Dr. Renate Keil für den Beitrag »Krankheitsanzeichen«, die auffallen, von Seite 81 bis 85, im Kapitel »Gesundheitsvorsorge und Krankheiten«.

### Impressum
© 1997 Gräfe und Unzer Verlag GmbH, München.
Alle Rechte vorbehalten. Nachdruck, auch auszugsweise, sowie Verbreitung durch Film, Funk und Fernsehen, durch fotomechanische Wiedergabe, Tonträger und Datenverarbeitungssysteme jeder Art nur mit schriftlicher Genehmigung des Verlages.

Redaktion: Gabriele Linke-Grün, Anita Zellner
Umschlaggestaltung und Layout: Heinz Kraxenberger
Zeichnungen: Renate Holzner
Herstellung: Heide Blut/Verena Römer
Satz: Heide Blut
Reproduktion: Penta Repro
Druck und Bindung: Appl

ISBN 3-7742-2639-3

| Auflage | 4. | 3. | 2. |
|---|---|---|---|
| Jahr | 2000 | 99 | 98 |

# IMPRESSUM, WICHTIGE HINWEISE

## Wichtige Hinweise

Die in diesem Buch beschriebenen elektrischen Geräte für die Terrarien-, beziehungsweise Aquarienpflege (→ Seite 50 bis 63 und Seite 68/69) müssen mit dem gültigen TÜV-Zeichen versehen sein. Es muß auf die Gefahren geachtet werden, die bei dem Umgang mit derartigen elektrischen Geräten und Leitungen, insbesondere in Verbindung mit Wasser, bestehen. Bei unsachgemäßer Verlegung von Heizkabeln kann es zu einem Hitzestau mit Brandgefahr kommen.

Es wird dringend die Anschaffung eines elektronischen Fehlstrom-Überwachungsgerätes empfohlen, das die Stromzufuhr unterbricht, sobald in Geräten oder Leitungen ein Schaden auftritt.

In gleicher Weise funktioniert ein FI-Schalter (Fehlerstrom-Schutzschalter), der nur vom Fachmann installiert werden darf.

## Das Schildkröten-Ratespiel (hintere Buchklappe) Auflösung

1a  (→ *Aquarium für Wasserschildkröten, Seite 55 bis 57*).

2b  (→ *Terrarium für Landschildkröten, Seite 50 bis 53, Foto, Seite 21 und Kinderecke, Seite 117*)

3a  (→ *Schmuck-Dosenschildkröte, Seite 35/36 und Fotos Seite 102/103*).

4a  (→ *Die Körpersprache, Seite 95 und Foto, Seite 80*).

5b  (→ *Fotos, Seite 96 und 97*).

6b  (→ *Die Sinnesleistungen, Seite 98 und Foto, Seite 110*).

7b  (→ *Fotos, Seite 88 und 89*).

8a  (→ *Kinderecke, Seite 91 und Foto, Seite 86/87*).

9b  (→ *Waldbachschildkröte, Seite 39*).

**Diese Dosenschildkröte hat eine besondere Vorliebe für Regenwürmer.**

# Das Schildkröten-Ratespiel

*Hier kannst du testen, wieviel du bereits über deine Schildkröte weißt. Kreuze bei jedem Bild die richtige Antwort an. Die Auflösung findest du auf Seite 127.*

*Junge Griechische Landschildkröte.*

**1** ☐ *a) Die Schildkröte holt Luft.*
☐ *b) Sie springt aus dem Wasser.*

**2** ☐ *a) Hindernisse im Terrarium aufzubauen ist Tierquälerei.*
☐ *b) Hindernisse im Terrarium halten die Schildkröte fit und gesund.*